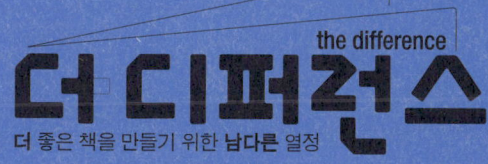

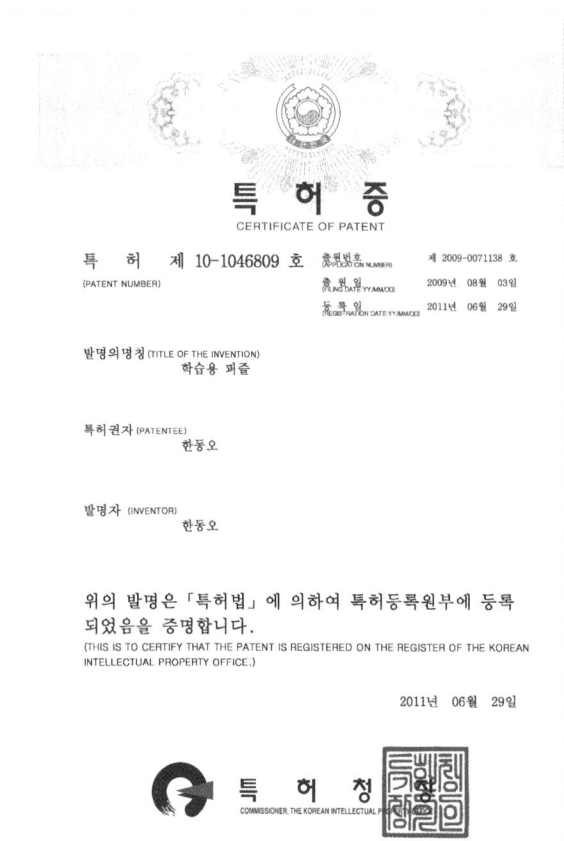

**특허받은 비법으로 완전 쉽게 배울 사람 모여라
영어 문법**

초판 1쇄 인쇄 2015년 1월 5일
초판 1쇄 발행 2015년 1월 9일

지은이 제임스 한
발행인 조상현
발행처 더디퍼런스

주소 서울시 마포구 마포대로 127, 304호
문의 02-725-9988 팩스 02-6974-1237
등록번호 제2014-000061호
이메일 thedifference@daum.net
홈페이지 www.thedifference.co.kr

독자 여러분의 소중한 원고를 기다리고 있습니다. 많은 투고 부탁드립니다.

ISBN 979-11-952907-4-1 (13740)

이 책은 저작권법 및 특허법에 따라 보호받는 저작물이므로 무단전재와 무단복제를 금지합니다.
파본이나 잘못 만들어진 책은 구입하신 서점에서 바꾸어 드립니다.

영어 문법

특허 받은 비법으로
완전 쉽게
배울 사람 모여라

제임스 한 지음

더디퍼런스

머리말

영어를 다시 시작해야 하는데, 뭐부터 해야 할까요?

지인들 중에는 알파벳만 빼고 다 잊어 버렸다고 하시는 분도 계십니다. 한창 시절 배울 때도 어려웠던 영어인데, 나이가 먹었으니 더 힘든 것은 당연하죠. 그런데 우리에게는 지금 어떤 이유로든 영어를 다시 '해야 한다'는 혹은 '해야겠다'는 절박함이 있습니다. 어느 누구도 속시원하게 알려 주지 않는 -알려 주더라도 신뢰할 수 없는- 상황에서 영어를 다시 하고 싶은 사람이 믿고 공부할 수 있다는 것은 대단히 행복한 일입니다.

〈특허 받은 비법으로 완전 쉽게 배울 사람 모여라〉 시리즈가 어떻게 도움이 될 수 있는지 알기 위해서 아래의 질문에 대한 답이 필요합니다. 내용을 보시면 이 책을 어떻게 활용해야 하는지 방향이 잡힐 것입니다.

영어를 능숙하게 구사하는 데는 얼마나 많은 시간이 필요할까요? 적어도 3,650시간은 필요하다고 말씀하시는 분이 있어요. 미국의 언어 심리학자 푸트남 교수의 모국어 습득 이론에 근거한 것이죠.
또 어떤 분은 소위 '1만 시간의 법칙'에 적용하시는 경우도 있죠. 이렇게 차이를 보이는 것은 도달하고자 하는 수준이 다르기 때문일 수 있습니다. 아무튼 이에 반해 초등학교부터 고등학교까지 영어 수업 시간은 기껏해야 822시간에 불과합니다. (현재 교육 과정 기준)
사정이 이렇다 보니 영어를 제대로 못하는 것은 당연하죠.

그러면 해결책이 없을까요?

영어 공부 좀 하려면 학원을 가든 원어민을 만나든지 간에 무조건 돈이 드는 이 야박한 환경에서 영어 학습 시간을 무작정 늘리기란 쉽지 않습니다. 그래서 많은 영어 전문가들은 영어에 노출되는 시간적 공간적 한계가 있는 현재 환경에서는 다독(多讀 Extensive Reading)이 가장 효율적인 방법이라고 말합니다.
그런데 문제는 또 여기에서 시작됩니다. 많은 영어 학습자들의 경우 영어 원서를 읽는 것의 중요성은 알지만 해석이 안 된다는 것이죠. 그리고 아는 단어도 많지 않고, 또 암기하더라도 금방 잊어버리거나 원서를 해석하는 데에 적용이 안 됩니다. 뭔가 방법이 있을까 해서 문법책을 뒤적여 보지만 무슨 말인지 도대체 이해가 안 갑니다.
'단어 암기법', '해석법', '문법' 편 등 세 권으로 구성되어 있는 〈특허 받은 비법으로 완전 쉽게 배울 사람 모여라〉 시리즈는 이러한 문제를 해결하는 데 초점이 맞추어져 있습니다. '단어 암기법' 편은 영어 단어를 쉽게 익히고, 잘 잊혀지지 않게 하는 흥미로운 학습법들만 모아 놓았고, '해석법' 편은 단어는 알지만 해석이 안 되는 경우 어떻게 해결하는지 그 방법을 알기 쉽게 풀어 놓았습니다. 마지막으로 '문법' 편은 딱딱하고 어려운 문법을 도형과 캐릭터를 사용해서 이해하기 쉽게 설명해 놓았습니다.

영어를 다시 시작하는 완전 기초 학습자라도 이 세 권만 마치면 그래도 비교적 쉬운 원서를 볼 수 있습니다. 좀 욕심이 있으신 분은 이 세 권을 적어도 세 번 이상 보시기를 권해 드립니다. 그리고 나서 절대 멈추지 마시고 자신이 볼 수 있는 가장 쉬운 원서부터 찾아서 읽어 보시기 바랍니다. 청소년용 동화책이라면 안성마춤이겠습니다. 아마도 그 원서를 읽으실 즈음에는 중급 정도의 실력을 가진 세련된 영어 구사자로 변신해 있을 것입니다.

그럼 〈특허 받은 비법으로 완전 쉽게 배울 사람 모여라〉 시리즈 중에 어떤 것을 먼저 공부해야 할까요?

scholar, weep, sweat, brain, lift, treat, journey, undergo, compose, servant

위에 있는 단어의 정확한 뜻을 5개 이하로 안다면 '단어 암기법' 편을 먼저 보실 것을 권장합니다. 6개 이상 알고 있다면 일단은 '해석법' 편을 보셔도 좋습니다. 단, '단어 암기법' 편을 병행하는 것이 학습 효과를 높입니다. 그리고 나서 '문법' 편을 보시기 바랍니다. 물론 이것은 권장 사항이지 절대적이지 않기 때문에 개인의 필요에 맞게 사용하시면 됩니다. 책들을 잘 살펴보시고 가장 끌리는 책부터 보시는 것도 방법입니다.

〈특허 받은 비법으로 완전 쉽게 배울 사람 모여라〉 시리즈가 많은 그림 때문에 다소 유치하다고 느껴질 수도 있습니다. 하지만 영어 학습의 이해를 돕기 위해 사용된 도구의 가치를 결코 과소평가하지 마시기 바랍니다.

이 시리즈를 손에 드는 순간 영어가 '되실' 준비가 되는 것입니다. 많은 분들로부터 특허 학습법의 가치를 인정받은 〈특허 받은 비법으로 완전 쉽게 배울 사람 모여라〉 시리즈로 최대의 혜택을 누리시기 바랍니다.

저자 제임스 한

이 책을 보기 전에 이것만은 알고 가자!

명사란? 사람이나 사물을 가리키는 이름이에요. teacher(선생님), friend(친구), Sooyeon(수연이), bike(자전거), computer(컴퓨터), water(물) 등이 모두 명사예요. 그리고 love(사랑)이나 justice(정의)처럼 눈에 보이지 않는 것도 명사에 포함되죠.

형용사란? 명사를 꾸며주는 말이에요. 예를 들어 new book(새 책)에서 new(새로운)는 명사인 book을 꾸며주는 형용사예요. pretty(예쁜), good(좋은), tall(키가 큰) 등도 명사를 꾸며주는 형용사예요. 형용사는 우리말로 '예쁜'처럼 끝에 'ㄴ'이 들어간다는 것도 꼭 알아두세요.

동사란? 움직임을 나타내는 말이 동사예요. come(오다), swim(수영하다), run(달리다) 등이 있어요. 그리고 like(좋아하다), know(알다)처럼 생각이 움직이는 것도 동사지요. 그리고 또 be 동사(~이다, ~있다)처럼 상태를 나타내는 경우도 있어요. 동사는 우리말로 '~다'로 끝난다는 것도 잊지 마세요.

부사란? 명사 빼고 아무거나 다 꾸며주지요. 예를 들어, She lives very happily(그녀는 매우 행복하게 산다).에서 happily(행복하게)는 lives(산다)라는 동사를 꾸며주는 부사예요. 그리고 very(매우)도 happily라는 부사를 꾸며주니까 이것도 부사예요. 부사가 둘인 셈이죠. 부사는 우리말로 '~하게'로 끝나는 경우가 많답니다.

캐릭터 소개

원숭이 우리가 흔히 볼 수 있는 원숭이에요. 귀엽죠?

손오공 원숭이가 손오공으로 변신했네요.

킹콩 원숭이 둘이 합체해서 커다란 킹콩이 됐어요.

도형 아이템

도형 아이템 :
    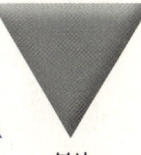
명사 　 형용사 　 동사 　 부사

도형 아이템 :
    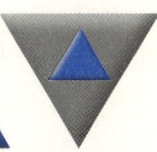
동사가 들어간 **명사** 　 동사가 들어간 **형용사** 　 동사가 들어간 **동사** 　 동사가 들어간 **부사**

도형 아이템 :

명사와 동사가 들어간 **명사** 　 명사와 동사가 들어간 **형용사** 　 동사와 동사가 들어간 형용사가 들어간 **동사** 　 명사와 동사가 들어간 **부사**

그래머맵 소개

	명사 만들기	형용사 만들기	동사 만들기	부사 만들기
🐒	●	) (	▲	▼
🐒	●△	)▲(	△	▼▲
🦍	●○△	)○△(	△○▽	▼○△

그래머맵 읽기

첫 번째 가로줄에 **원숭이 라인**이 보이죠? 아무것도 변하지 않은 기본 원숭이예요. 그냥 명사, 그냥 형용사, 그냥 동사, 그냥 부사로 이루어져 있어요. 여기의 도형 모양을 잘 보세요. 명사와 형용사가 잘 맞지요?

이렇게 명사와 형용사는 잘 맞아요. 형용사는 명사에 딱 붙어서 명사를 꾸며줘요.

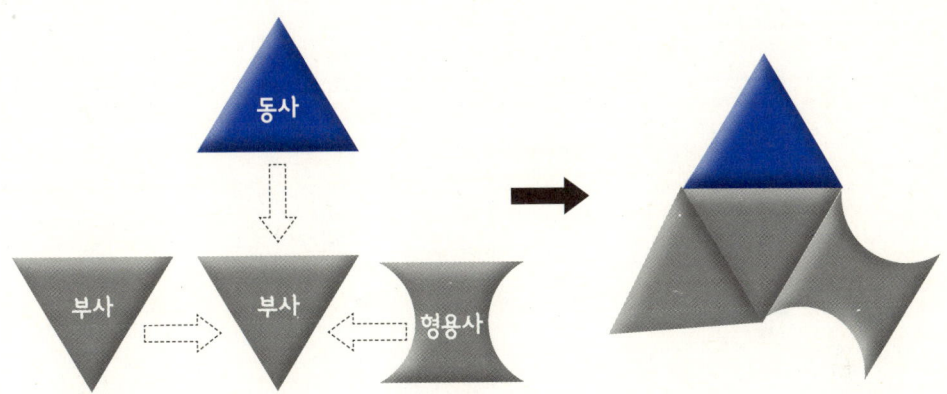

부사는 명사 빼고 나머지하고 잘 맞아요. 이렇게 부사는 명사만 아니면 뭐든지 다 꾸며줘요.

두 번째 가로줄은 **손오공 라인**이에요. 변신 라인이지요. 모두 동사가 안에 있고 겉모양은 원숭이 라인하고 같아요. 속에는 동사의 모습을 가지고 있지만 실제로는 원숭이와 같은 역할을 한다는 거지요.

예를 들면, 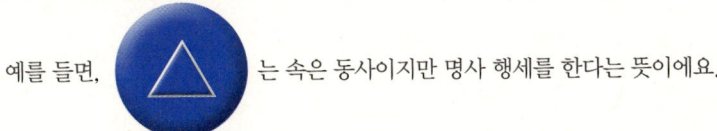 는 속은 동사이지만 명사 행세를 한다는 뜻이에요.

세 번째 가로줄은 **킹콩 라인**이에요. 덩치가 커진 거예요. 안에 두 개의 도형이 합쳐져서 덩치가 커졌는데 겉모양은 원숭이 라인하고 같아요.

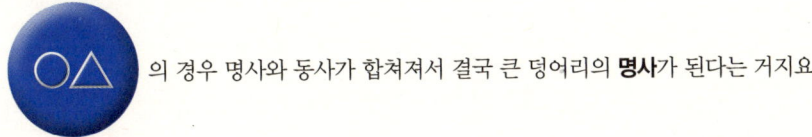 의 경우 명사와 동사가 합쳐져서 결국 큰 덩어리의 **명사**가 된다는 거지요.

* **주의!** 세로의 **만들기 라인**은 각 라인별로 모두 겉모양이 같다는 것을 기억하세요!

앞으로 이 책에서 가장 간단한 원숭이 라인부터 왼쪽에서 오른쪽으로(명사 → 형용사 → 동사 → 부사 순서로) 배우고 손오공과 킹콩 라인도 그와 같은 순서로 배울 거예요. 자, 시작해볼까요?!

CONTENTS

- 머리말 _ 왜 영문법은 어렵고 재미가 없을까요? | 4
- 이 책을 보기 전에 이것만은 알고 가자! | 6

PART 1
원숭이 라인 명사와 형용사
명사와 형용사는 친구예요.

SECRET 01   명사의 쓰임 | 16
SECRET 02   명사 세어 보기 | 18
SECRET 03   주격 대명사의 쓰임 | 20
SECRET 04   목적격 대명사의 쓰임 | 22
SECRET 05   this/that 대명사의 쓰임 | 24
SECRET 06   형용사의 쓰임 | 26
SECRET 07   관사도 형용사 | 28
SECRET 08   소유 형용사의 쓰임 | 30
SECRET 09   형용사의 비교급 | 32
SECRET 10   형용사의 최상급 | 34

REVIEW 1 | 36
REVIEW 2 | 38

PART 2
원숭이 라인 동사와 부사
동사와 부사는 친구예요.

SECRET 11   동사의 종류 | 42
SECRET 12   동사와 목적어 | 44

차례

SECRET 13 현재동사와 과거동사 | 46
SECRET 14 be 동사로 문장 만들기 | 48
SECRET 15 일반동사로 문장 만들기 | 50
SECRET 16 부사의 쓰임 | 52
SECRET 17 유도부사 there | 54
SECRET 18 빈도부사와 그 위치 | 56
SECRET 19 전치사 + 장소로 부사 만들기 | 58
SECRET 20 전치사 + 시간으로 부사 만들기 | 60

REVIEW 3 | 62
REVIEW 4 | 64

PART 3

손오공 라인 명사와 형용사
원숭이 라인에 있던 동사가
새로운 명사와 형용사로 변신한 거예요.

SECRET 21 동사로 명사 만들기 | 68
SECRET 22 동명사 + 명사 I | 70
SECRET 23 동명사 + 명사 II | 72
SECRET 24 동사에 to 붙여서 명사 만들기 | 74
SECRET 25 동명사와 to 부정사 | 76
SECRET 26 동사로 형용사 만들기 | 78
SECRET 27 동명사와 현재분사 구분하기 | 80
SECRET 28 분사와 명사 | 82
SECRET 29 동사에 to 붙여서 형용사 만들기 | 84
SECRET 30 be + to 부정사 | 86

REVIEW 5 | 88
REVIEW 6 | 90

PART 4

손오공 라인 동사와 부사
원숭이 라인에 있던 동사가
새로운 동사와 부사로 변신한 거예요.

SECRET 31　조동사 | 94
SECRET 32　조동사 can | 96
SECRET 33　조동사 may | 98
SECRET 34　조동사 must | 100
SECRET 35　조동사 will | 102
SECRET 36　동사에 to 붙여서 부사 만들기 | 104
SECRET 37　to 부정사의 동사 꾸미기 | 106
SECRET 38　to 부정사의 형용사 꾸미기 | 108
SECRET 39　to 부정사의 부사 꾸미기 | 110
SECRET 40　to 부정사의 문장 전체 꾸미기 | 112
REVIEW 7 | 114
REVIEW 8 | 116

PART 5

킹콩 라인 명사와 형용사
도형들이 합쳐져서 커다란
명사와 형용사로 변신한 거예요.

SECRET 41　주어 동사가 합쳐 만든 명사Ⅰ | 120
SECRET 42　주어 동사가 합쳐 만든 명사Ⅱ | 122
SECRET 43　주어 동사가 합쳐 만든 명사Ⅲ | 124
SECRET 44　주어가 너무 무거운 명사절 | 126
SECRET 45　that이 사라진 명사절 | 128
SECRET 46　주어 동사가 합쳐 만든 형용사 | 130
SECRET 47　주어를 내준 형용사절 | 132
SECRET 48　목적어와 소유격을 내준 형용사절 | 134
SECRET 49　장소 부사를 내준 형용사절 | 136

SECRET 50　시간 이유 방법 부사를 내준 형용사절 | 138

REVIEW 9 | 140
REVIEW 10 | 142

PART 6
킹콩 라인 동사와 부사
도형들이 합쳐져서 커다란
동사와 부사로 변신한 거예요.

SECRET 51　be 동사와 ing가 합쳐 만든 큰 동사 | 146
SECRET 52　be 동사와 ed가 합쳐 만든 큰 동사 | 148
SECRET 53　have 동사와 ed가 합쳐 만든 큰 동사ⅠI | 150
SECRET 54　have 동사와 ed가 합쳐 만든 큰 동사Ⅱ | 152
SECRET 55　had 동사와 ed가 합쳐 만든 큰 동사 | 154
SECRET 56　주어 동사가 합쳐 만든 부사절Ⅰ | 156
SECRET 57　주어 동사가 합쳐 만든 부사절Ⅱ | 158
SECRET 58　부사절 - 가정법 과거 | 160
SECRET 59　부사절 - 가정법 과거완료 | 162
SECRET 60　부사절 줄이기 | 164

REVIEW 11 | 166
REVIEW 12 | 168

- 정답 및 해설 | 171
- 부록　문법 용어 간단 정리 | 193

PART 1 원숭이 라인
명사와 형용사

SECRET 01 명사의 쓰임

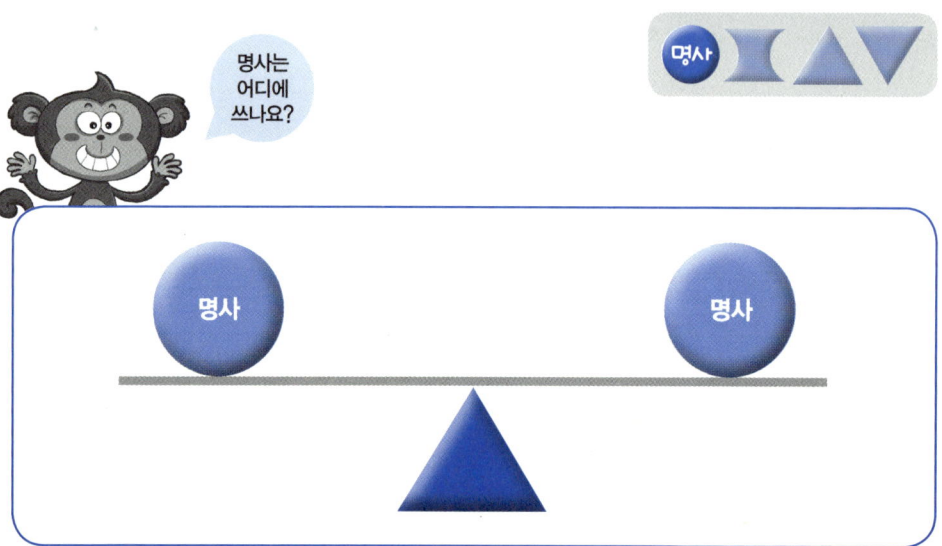

명사는 어디에 쓰나요?

대답 ▶ 영어 문장에서 동사 ▲를 중심으로 양쪽에 명사 ●가 들어갈 수 있어요.
이때 왼쪽에 있는 명사는 주어라고 하고 오른쪽 명사는 보어나 목적어라고 해요.

The (man) is a (teacher). 그 남자는 선생님이다.
　　주어　　　　보어

(Children) like the (toy). 아이들은 그 장난감을 좋아한다.
　주어　　　　　목적어

영어에서 명사라는 말이 붙는 모든 말은 주어, 목적어, 보어로 쓰여요.

- **주어**: 우리말로 '은, 는, 이, 가'로 끝나는 말이에요.
- **목적어**: 우리말로 '을, 를'로 끝나는 말이에요.
- **보어**: 주로 '명사 + be 동사 + 명사'가 될 때 뒤의 명사는 보어가 돼요.

Point 명사는 영어 문장에서 동사 왼쪽(주어)이나 동사 오른쪽(목적어, 보어)에 써요.

EXERCISE 01

[1단계] 다음 밑줄 친 부분을 채우세요.

1	명사가 들어가는 모든 말은 _____, _____, _____로 쓰여요.
2	주어는 우리말로 '_____, _____, _____, _____'로 끝나는 말이에요.
3	목적어는 우리말로 '_____, _____'로 끝나는 말이에요.
4	"A is B."에서 A는 _____이고, B는 _____예요.

[2단계] 다음 중 명사에 ○표시하고, 그 명사 밑에 주어, 목적어, 혹은 보어를 써보세요.

5 The boy has a dream.

6 The baby likes ice cream.

7 The man is a great teacher.

8 A dog is a smart animal.

9 Mom cooked spaghetti.

                                                  9 **cook** 요리하다

10 The library is a good place.

                                                  10 **library** 도서관
                                                       place 장소

[3단계] 다음 우리말을 영어로 바꿔 보세요.

11 그 학생은 반장이다. (a chairman / is / the student)

12 아빠는 그 선생님을 만나셨다. (met / the teacher / dad)

SECRET 02 명사 세어 보기

명사를 왜 세요?

대답 ▶ 명사를 세어 봐서 **두 개 이상**이면 명사 뒤에 **s**를 붙여야 돼요.

명사에 s를 붙인 명사를 **복수 명사**라고 해요.
예를 들어, 공이 두 개 이상이면 ball에 s를 붙여 balls가 되지요.

그런데 명사를 세고 싶어도 아예 셀 수 없는 경우도 있어요.
셀 수 없는 명사는 **일정한 모양**이 없지요. love(사랑)는 당연히 모양이 없고요. water(물), sugar(설탕)은 담는 용기에 따라서 모양이 바뀌죠? 이렇게 모양이 없거나 일정하지 않은 명사는 셀 수가 없어요. **셀 수 없는 명사에는 s를 붙이면 안돼요.**

- 명사가 s, x, ch, sh로 끝나면 명사 뒤에 es를 붙여요. (bus**es**, fox**es**)
- 자음 다음에 y가 오면 y를 i로 고치고 es를 붙여요 (baby → bab**ies**, fly → fl**ies**)
- 복수 명사가 될 때 아예 모양이 바뀌는 경우도 있어요. (child → children / mouse → mice)

명사를 셀 수 있을 때: two dog**s**, three desk**s**, ten star**s** (O)
명사를 셀 수 없을 때: love**s**, water**s**, sugar**s** (×)

Point 셀 수 있는 명사에는 s를 붙일 수 있고, 셀 수 없는 명사에는 s를 붙일 수 없어요.

EXERCISE 02

[1단계] 다음 밑줄 친 부분을 채우세요.

1	명사를 셀 수 있으면 명사 뒤에 _____ 를 붙여야 해요.
2	셀 수 없는 명사는 _____ 이 없어요.
3	명사에 s를 붙인 명사를 _____ 라고 해요.
4	명사가 s, x, ch, sh로 끝나면 명사 뒤에 _____ 를 붙여요.

[2단계] 다음 중 셀 수 있는 명사에는 ○ 표시하고, 셀 수 없는 명사에는 ✕ 표시하세요.

5 Love has great power.
_____

6 The girl drinks water.   6 **drink** 마시다
_____

7 The dog likes oranges.
_____

8 The teacher likes coffee.
_____

9 Babies like milk.
_____

10 The tiger has a tail.   10 **tail** 꼬리
_____

[3단계] 다음 우리말을 영어로 바꿔 보세요. (복수 형태도 바꾸세요.)

11 세 명의 아이들은 그 두 명의 아기를 안다. (baby, three child, the two)
_____ know _____.

12 쥐들은 그 치즈를 좋아한다. (the mouse, the cheese)
_____ _____ _____.

SECRET 03 주격 대명사의 쓰임

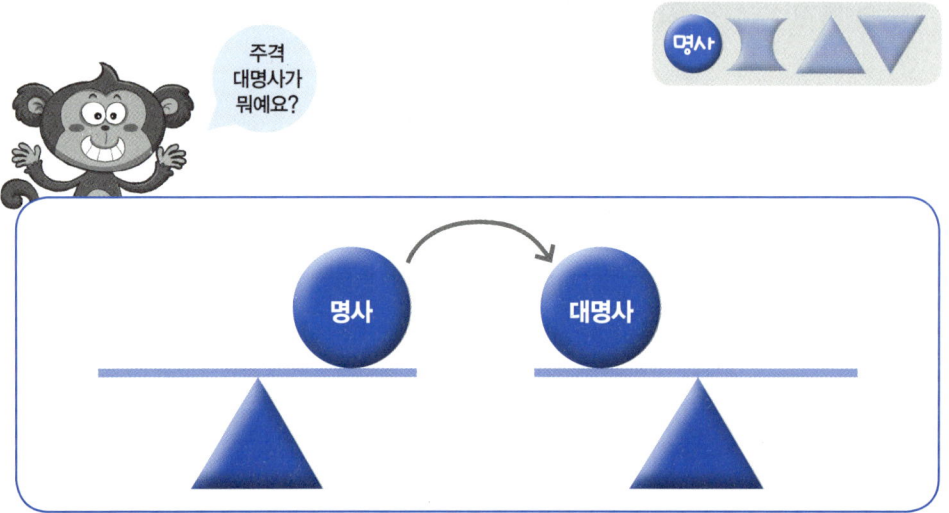

대답 ▶ 앞 문장에서 나온 명사가 다음 문장에 또 나올 때 대명사를 써요.
대명사가 주어 자리에 있으면 주격 대명사라고 해요.

The students like Mary. She is a very kind teacher. 학생들은 메리를 좋아한다.
　　　　　　　　명사　　주격 대명사　　　　　　　　　　　　　　그녀는 매우 친절한 선생님이다.

James reads the book. It is very fun. 제임스는 그 책을 읽는다. 그것은 매우 재미있다.
　　　　　　　명사　　주격 대명사

	단수	복수
1인칭	I (나는)	we (우리는)
2인칭	you (너는)	you (너희들은)
3인칭	he (그는) she (그녀는) it (그것은)	they (그들은, 그것들은)

- 주격 대명사도 주어 자리에 오니까 우리말로 '은, 는, 이, 가'로 끝나는 말이에요.
- 주격 대명사 I는 항상 대문자로 써요.
- you는 단수형, 복수형이 같아요.

Point 앞에서 나온 명사가 뒤 문장의 주어로 다시 나오면 주격 대명사를 써요.

EXERCISE 03

[1단계] 다음 밑줄 친 부분을 채우세요.

1 앞 문장에서 나온 명사가 뒤 문장에서 다시 나오면 _____를 써요.

2 대명사가 주어 자리에 있으면 _____라고 해요.

3 주격 대명사도 주어 자리에 있으므로 우리말로 '_____, _____, _____, _____'로 끝나요.

4 주격 대명사 I는 항상 _____로 써요.

[2단계] 다음 빈칸에 주격 대명사를 써 넣으세요.

5 Sue helps the children. (   ) are poor.

6 This is new bread. (   ) is delicious.

    6 delicious 맛있는

7 Tom likes Mary. (   ) is pretty.

8 The teachers love Jack and you. (   ) are lucky students.

    8 lucky 운 좋은

9 The kids play video games. (   ) are very exciting.

    9 exciting 흥미진진한

10 Sue and Dave study English. (   ) is a useful language.

    10 useful language 유용한 언어

[3단계] 다음 우리말을 영어로 바꿔 보세요.

11 나는 그 남자를 안다. 그는 새로운 선생님이다. (a new teacher)
   I know the _____. _____.

12 저것은 뱀이다. 그것은 위험한 동물이다. (a dangerous animal, snake)
   That is a _____. _____.

SECRET 04 목적격 대명사의 쓰임

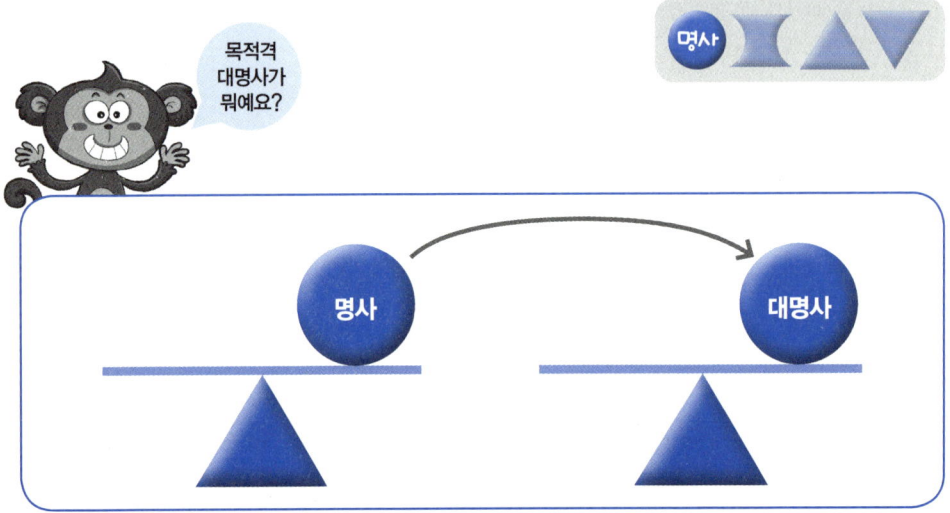

대답 ▶ 앞 문장의 명사가 다음 문장에서 동사 오른쪽(목적어 자리)에 다시 나오면 **목적격 대명사**라고 해요.

Tom likes the teacher.   Everybody likes him.   톰은 그 선생님을 좋아한다.
　　　　명사　　　　　　　　　　　목적격 대명사　　모두가 그를 좋아한다.

Mary enjoys the game.   Many students like it.   메리는 그 게임을 즐긴다.
　　　　명사　　　　　　　　　　　목적격 대명사　　많은 학생들이 그것을 좋아한다.

	단수	복수
1인칭	me (나를)	us (우리를)
2인칭	you (너를)	you (너희들을)
3인칭	him (그를) her (그녀를) it (그것을)	them (그들을, 그것들을)

● **목적격 대명사**도 목적어 자리에 오니까 우리말로 '을, 를'로 끝나는 말이에요.
● you와 it은 주격과 목적격의 모양이 똑같아요.

Point 앞에서 나온 명사가 뒤 문장의 목적어로 또 나오면 목적격 대명사를 써요.

EXERCISE 04

[1단계] 다음 밑줄 친 부분을 채우세요.

1. 앞 문장에서 나온 명사가 뒤 문장에서 목적어로 또 나오면 _____라고 해요.
2. 목적격 대명사도 목적어 자리에 있으므로 우리말로 '_____, _____'로 끝나요.
3. _____와 _____은 주격과 목적격의 모양이 똑같아요.
4. we의 목적격은 _____(우리를)이에요.

[2단계] 다음 빈칸에 목적격 대명사를 써 넣으세요.

5. James teaches English. James teaches (   ).

6. Sarah makes dolls. She makes (   ).

7. Tom loves Mary. He loves (   ).

8. The teacher knows the fact. He knows (   ).

    8 **fact** 사실

9. They like him and me. They like (   ).

10. The dog loves John. The dog loves (   ).

[3단계] 다음 우리말을 영어로 바꿔 보세요.

11. 그 선생님은 메리와 너를 가르친다. 그는 너희들을 가르친다.
    The teacher teaches Mary and _____.
    _____.

12. 그 의사 선생님은 그녀와 나를 도와주신다. 그는 우리를 도와주신다.
    The doctor helps _____.
    _____.

SECRET 05 this/that 대명사의 쓰임

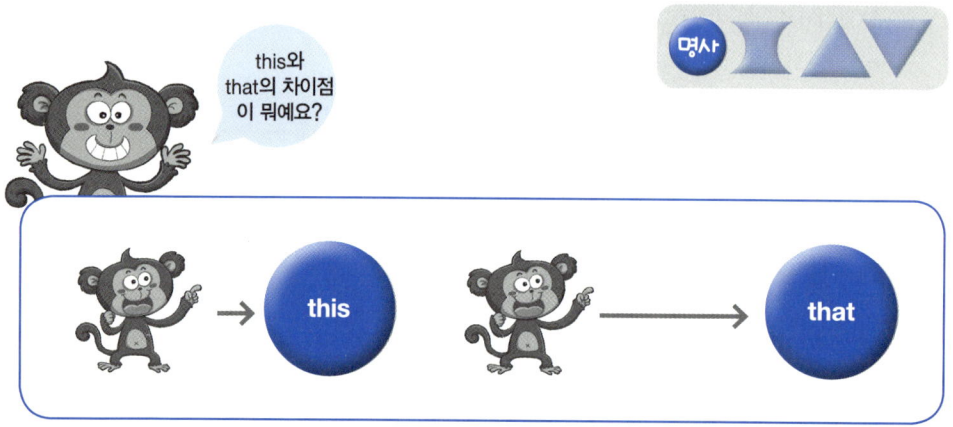

this와 that의 차이점이 뭐예요?

대답 ▶ 가리키는 명사가 가까이에 있으면 this, 멀리 있으면 that이에요.

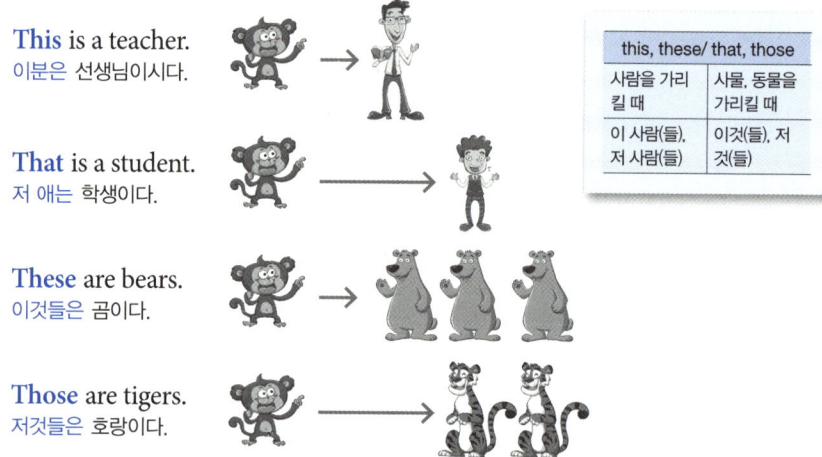

This is a teacher.
이분은 선생님이시다.

That is a student.
저 애는 학생이다.

These are bears.
이것들은 곰이다.

Those are tigers.
저것들은 호랑이다.

this, these/ that, those	
사람을 가리킬 때	사물, 동물을 가리킬 때
이 사람(들), 저 사람(들)	이것(들), 저것(들)

명사가 **복수**일 때는 this가 these로, that이 those로 바뀌어 쓰여요.

Point 가까이에 있는 명사는 this, these, 멀리 있는 명사는 that, those를 써요.

EXERCISE 05

[1단계] 다음 밑줄 친 부분을 채우세요.

1	가리키는 명사가 가까이에 있으면 _____ 나 _____ 를 써요.
2	가리키는 명사가 멀리 있으면 _____ 이나 _____ 를 써요.
3	this, that이 사람을 가리키면 '_____, _____' 이라고 해석해요.
4	this, that이 사물이나 동물을 가리키면 '_____, _____' 이라고 해석해요.

[2단계] 다음 빈칸에 this, that, these, those를 써 넣으세요.

5 _____ are watches.

6 _____ is a dog.

7 _____ are computers.

8 _____ is a bear.

9 _____ are tigers.

10 _____ are alligators.

[3단계] 다음 우리말을 영어로 바꿔 보세요.

11 이 사람들은 파일럿들이고, 저 사람들은 과학자들이다. (pilot)

   _____.

12 이것은 고양이고, 저것들은 토끼이다.

   _____.

SECRET 06 형용사의 쓰임

형용사는 어디에 쓰나요?

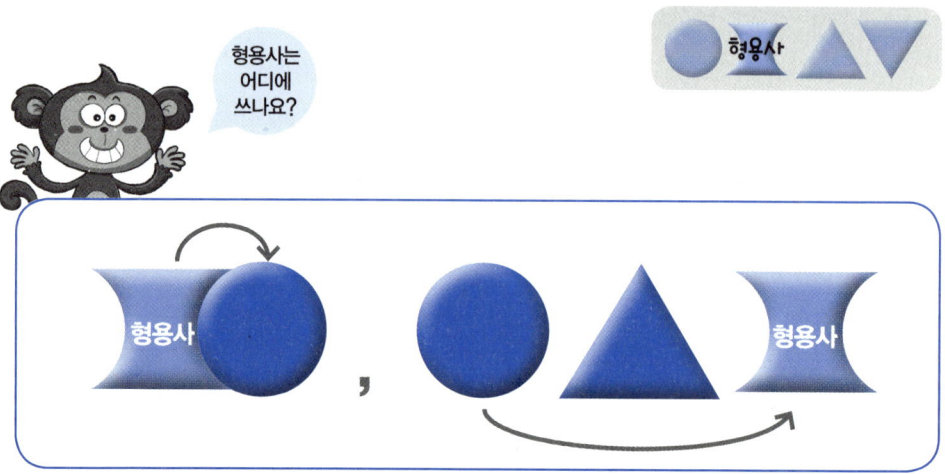

대답 ▶ 명사 앞에서 꾸며주거나 동사 뒤에서 명사(주어)를 설명해 주어요.

① 형용사 + 명사	② 명사 + be 동사 + 형용사
It is a big dog. 그것은 큰 개다.	The dog is big. 그 개는 크다. dog → big이라고 설명

② 명사 + be 동사 + 형용사에서 형용사는 **보어**라고 해요.
우리가 앞에서 배운 명사 보어와 비교해 보세요.

The man is a <u>doctor</u>. (명사 보어) man = doctor

The man is <u>kind</u>. (형용사 보어) man → kind 라고 설명

- 형용사가 명사 앞에서 꾸며줄 때는 주로 우리말로 ~ㄴ이 들어가요.
- pretty girl (예쁜 소녀), strong man (강한 남자), big dream (큰 꿈)

Point 형용사는 ① 명사 앞에서 꾸며주고, ② 동사 뒤에서 명사(주어)를 설명해요.

EXERCISE 06

[1단계] 다음 밑줄 친 부분을 채우세요.

1 형용사는 ① _____ + _____, ② _____ + _____ + _____ 로 쓰여요.
2 명사 + be 동사 + 형용사에서 형용사는 _____ 라고 해요.
3 형용사 보어는 _____ 뒤에서 명사(주어)를 설명해요.
4 형용사가 명사 앞에서 꾸며줄 때는 주로 우리말로 _____ 이 들어가요.

[2단계] 다음 중 형용사에 ⟆표시하고, 그 형용사 밑에 ① 형용사 + 명사, ② 명사 + be 동사 + 형용사 인지 골라 번호를 써보세요.

5 The student is mad.   5 mad 화난

6 The monkey has a long tail.

7 That red car is nice.

8 The handsome boy is from Pusan.   8 from ~에서부터 온

9 I like the old jacket.

10 The elephants are usually grey.   10 usually 대개

[3단계] 다음 우리말을 영어로 바꿔 보세요.

11 나는 오래된 책들을 읽는다. (read, books, old, I)

12 그 남자는 잘 생겼고, 키가 크다. (handsome, is, tall, the man, and)

27

SECRET 07 관사도 형용사

a/an하고 the는 뭐가 달라요?

대답 ▶ a/an은 특정하지 않은 명사 앞에 붙이고, the는 특정한 명사 앞에 붙여요.

Mary bought **a pen**, but she lost **the pen**. 메리는 펜을 샀다.
그냥 펜 한 개   메리가 산 그 펜 (특정한 펜)   그러나 그녀는 그 펜을 잃어버렸다.

Open **the door**, please. 문 좀 열어주세요.
대화하는 사람들이 서로 아는 특정한 문

a/an, **the**는 관사라고 하지요. 관사도 명사 앞에서 명사를 꾸며주니까 **형용사**예요.
a/an은 '하나의'라는 뜻을 가지고 있어요. 하지만 우리말로는 굳이 해석하지 않아요. **the**는 '그'라고 해석하는 경우가 많아요.
ex) an apple 사과, the apple 그 사과

- a는 자음 소리 앞에 붙이고 an은 모음 소리 [a, e, i, o, u] 앞에 붙여요.
  ex) a car, an egg
- 나라 이름이나 사람 이름처럼 특별한 것을 가리키는 명사 앞에는 관사를 쓰지 않아요.

Point a/an은 특정하지 않은 명사에, the는 특정한 명사 앞에 써요.

EXERCISE 07

[1단계] 다음 밑줄 친 부분을 채우세요.

1. 특정하지 않은 명사에는 _____, _____ 을, 특정한 명사 앞에는 _____ 를 써요.
2. a/an은 '_____'라는 뜻을 가지고 있고, the는 '_____'라는 뜻을 가지고 있어요.
3. a는 _____ 앞에 붙이고, an은 _____ 앞에 붙여요.
4. _____ 이나 _____ 처럼 특별한 것을 가리키는 명사 앞에는 관사를 쓰지 않아요.

[2단계] 다음 중 빈칸에 알맞은 관사를 써 넣으세요. 관사가 필요없으면 ✗표 하세요.

5. I bought ( ) umbrella.

6. Give me ( ) key.

7. Look! I like ( ) tall man.

8. I live in ( ) America.

9. Close ( ) window, please.

10. I bought ( ) pen, but I lost ( ) pen.

[3단계] 다음 우리말을 영어로 바꿔 보세요.

11. 코끼리는 대개 크다. 그러나 그 코끼리는 작다. (elephant)
    _____ is usually big, but _____ .

12. 덥다. 창문 좀 열어라.
    It's hot. _____ .

SECRET 08 소유 형용사의 쓰임

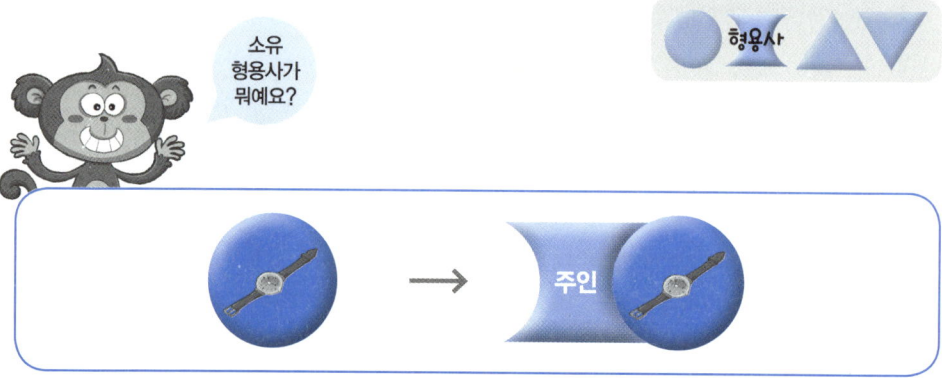

소유 형용사가 뭐예요?

대답 ▶ 명사에 주인이 생겼을 때 붙이는 말이예요.

I have a watch. → It is my watch.
그냥 시계 한 개   내 시계 (내가 명사의 주인)

He has a book. → It is his book.
그냥 책 한 권   그의 책 (그가 명사의 주인)

	단수	복수
1인칭	my (나의)	our (우리의)
2인칭	your (너의)	your (너희들의)
3인칭	his/her (그의/ 그녀의) its (그것의)	their (그들의, 그것들의)

● cf) **소유대명사**: mine(나의 것), yours(너의 것, 너희들 것), his/hers (그의 것/ 그녀의 것), theirs(그들의 것)

소유 형용사는 '~의'라고 해석이 되어요.
또한, 명사 앞에 소유 형용사가 있으면 **관사**를 쓰지 않아요.

Point 소유 형용사는 명사의 주인을 표시해 주는 말이예요.

 **EXERCISE 08**

[1단계] 다음 밑줄 친 부분을 채우세요.

1 소유 형용사는 명사의 _____ 을 표시해 주는 말이에요.
2 소유 형용사는 '_____'라고 해석이 되어요.
3 your는 '_____' 또는 '_____'라는 뜻이에요.
4 명사 앞에 소유 형용사가 있으면 _____를 쓰지 않아요.

[2단계] 다음 중 빈칸에 알맞은 소유 형용사를 써넣으세요.

5 You have a dog. It is (   ) dog.

6 They have books. They are (   ) books.

7 We have robots. They are (   ) robots.

8 She has a cat. (   ) cat is very cute.

9 I have a nice bike. It is (   ).

10 The monkey has a banana. (   ) banana is very delicious.

10 delicious 맛있는

[3단계] 다음 우리말을 영어로 바꿔 보세요.

11 나의 언니와 나는 인형을 가지고 있다. 그것들은 우리들의 것이다.
   My sister and I have dolls. _____.

12 그는 영어 책을 가지고 있다. 그것은 그의 책이다.
   He has an English book. _____.

SECRET 09 형용사의 비교급

서로 비교하는 말을 만들려면 어떻게 해야 돼요?

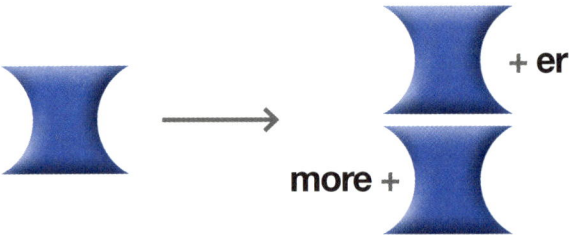

대답 ▶ 형용사 뒤에 er을 붙이는 경우와 형용사 앞에 more을 붙이는 경우가 있어요.

- He is fast. 그는 빠르다. → He is fast**er**. 그는 더 빠르다.
  그냥 형용사   형용사의 비교급

- The story is interesting. 그 이야기는 재미있다.
                그냥 형용사

  → The story is more interesting. 그 이야기는 더 재미있다.
                   형용사의 비교급

- big처럼 '모음 한 개(i) + 자음 한 개(g)'가 나오면 똑같은 자음을 하나 더 붙여줘요. → bigger
- happy처럼 '자음 + y'가 나오면 y를 i로 바꿔줘요. → happier
- 형용사 비교급 다음에는 than(~보다)라는 말이 같이 나와요.

보통의 경우 형용사의 길이가 짧으면 er을 붙이고, 길면 more을 붙여요. 규칙으로 암기하려 하지 말고 각각의 경우에 익숙하는 것이 더 좋아요.

	형용사	비교급	형용사	비교급
~er	tall fast big	taller faster bigger	short slow hot	shorter slower hotter
~ier	happy	happier	easy	easier
more	beautiful	more beautiful	interesting	more interesting

Point 비교급에서 형용사가 짧으면 ~er을 붙이고, 길면 more을 붙여줘요.

EXERCISE 09

[1단계] 다음 밑줄 친 부분을 채우세요.

1 비교급에서 형용사의 길이가 짧으면 _____ 을 붙이고, 길면 _____ 을 붙여줘요.
2 모음 한 개 + 자음 한 개가 나오면 똑같은 _____ 을 하나 더 붙여줘요.
3 자음 + y가 나오면 _____ 를 _____ 로 바꿔줘요.
4 형용사 비교급 다음에는 _____ (~보다)라는 말이 같이 나와요.

[2단계] 다음 괄호 안의 단어를 활용하여 빈칸에 ~er이나 more를 써 넣으세요.

5 I am _____ than you. (tall)

6 Turtles are _____ than rabbits. (slow)   6 turtle 거북이

7 Mary looks _____ than Tom. (happy)

8 My watch is _____ than yours. (old)

9 His car is _____ than hers. (expensive)   9 expensive 비싼

10 The white dress is _____ than the blue one. (beautiful)

[3단계] 다음 우리말을 영어로 바꿔 보세요.

11 시베리아가 한국보다 더 춥다. (Siberia)
_____.

12 수학이 영어보다 더 어렵다. (difficult)
_____.

SECRET 10 형용사의 최상급

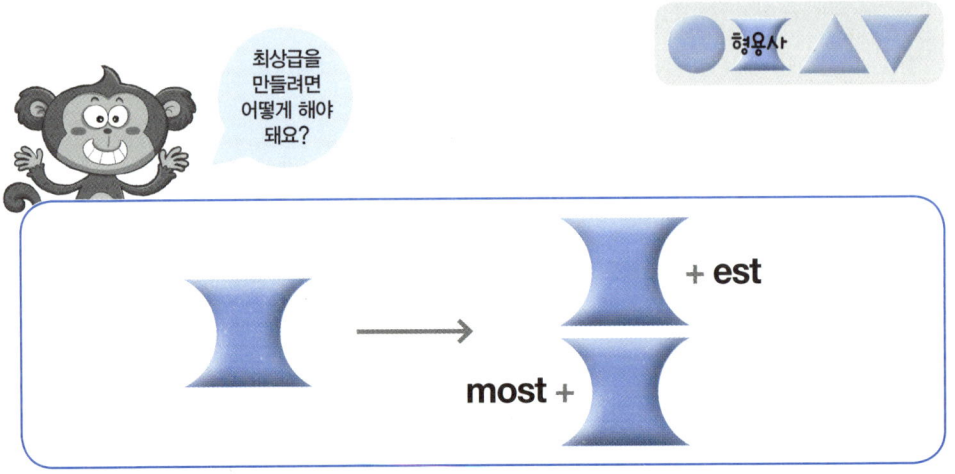

최상급을 만들려면 어떻게 해야 돼요?

대답 ▶ 형용사 뒤에 est를 붙이는 경우와 형용사 앞에 most를 붙이는 경우가 있어요.

He is tall. 그는 빠르다.　He is taller. 그는 더 빠르다.　He is the tallest. 그는 가장 빠르다.
　그냥 형용사　　　　　　형용사의 비교급　　　　　　　　형용사의 최상급

She is the most beautiful girl in the class.
그녀는 학급에서 가장 아름다운 소녀이다.

비교급과 같이 보통의 경우 형용사의 길이가 짧으면 est를 붙이고, 길면 most를 붙여요. 최상급 앞에는 대개 the가 붙어요.

- 형용사의 최상급을 만드는 규칙은 비교급과 같아요.
- 비교급은 둘을 비교하는 것이고 최상급은 셋 이상을 비교하는 거예요.

	형용사	비교급	최상급
er/est	small sad	smaller sadder	smallest saddest
ier/iest	pretty	prettier	prettiest
more/most	famous	more famous	most famous

Point 최상급에서 형용사가 짧으면 ~est를 붙이고, 길면 most를 붙여줘요.

 **EXERCISE ⑩**

[1단계] 다음 밑줄 친 부분을 채우세요.

1 최상급에서 형용사의 길이가 짧으면 _____를 붙이고, 길면 _____를 붙여줘요.
2 최상급을 만드는 규칙은 _____과 같아요.
3 최상급 앞에는 대개 _____가 붙어요.
4 비교급은 _____을 비교하는 것이고 최상급은 _____이상을 비교하는 거예요.

[2단계] 다음 괄호 안의 단어를 활용하여 빈칸에 ~est이나 most를 써 넣으세요.

5 Mary is the _____ of the three. (tall)

6 Tom is the _____ boy in the class. (old)

7 She is _____ singer in Korea. (famous)   7 famous 유명한

8 This is _____ story I have ever read. (sad)   8 have ever read 읽었었던

9 The city is the _____ in Canada. (small)

10 This is _____ chair of all. (comfortable)   10 comfortable 편안한

[3단계] 다음 우리말을 영어로 바꿔 보세요.

11 그녀는 셋 중에서 가장 작다.
_____

12 이 자동차가 세계에서 가장 비싸다. (expensive, in the world)
_____

REVIEW 1

1 다음 그래머 맵 빈칸에 알맞은 내용을 채우세요.

명사 만들기	형용사 만들기
도형을 그려보세요.	도형을 그려보세요.
1. **명사**는 영어 문장에서 동사 왼쪽 _____ 나 동사 오른쪽에 _____ 를 써요.	1. **형용사**는 ①명사 앞에서 _____, ②동사 뒤에서 명사를 _____ 해요.
2. **셀 수 있는 명사**에는 _____ 를 붙일 수 있고, **셀 수 없는 명사**에는 _____ 를 붙일 수 없어요.	2. _____ 은 **특정하지 않은 명사**에, _____ 는 **특정한 명사** 앞에 써요.
3. 앞에서 나온 명사가 뒤 문장 **주어**로 다시 나오면 _____ 를 써요.	3. **소유 형용사**는 명사의 _____ 을 표시해 주는 말이에요.
4. 앞에서 나온 명사가 뒤 문장 **목적어**로 다시 나오면 _____ 를 써요.	4. **비교급**에서 형용사가 짧으면 _____ 을 붙이고, 길면 _____ 을 붙여줘요.
5. 가까이에 있는 명사는 _____, _____. 멀리 있는 명사는 _____, _____ 를 써요.	5. **최상급**에서 형용사가 짧으면 _____ 를 붙이고, 길면 _____ 를 붙여줘요.

PART 1에서는 명사와 형용사의 가장 기본적인 형태인 원숭이 라인을 배웠어요.
배운 내용을 잘 기억하면서 복습해 봅시다.

2

다음 문장에서 보기에 있는 말을 골라 괄호 안에 넣고, 해석하세요.

[보기]
| 주격 대명사 | 목적격 대명사 | 소유 형용사 | 명사 보어 |
| 형용사 보어 | 형용사의 비교급 | 형용사의 최상급 | 관사 |

1. The teacher liked us. (   )

2. Mary is the most famous student in her class. (   )

3. The students like their English teacher. (   )

4. Tom has a new toy. (   )

5. The white dog is bigger than the black one. (   )

6. The chairs are wet. (   )

7. Grandma and I eat some cookies. (   )

8. The cool man is James. (   )

37

REVIEW 2 GRAMMAR FOR WRITING

1 Choose the right word to fill each blank.

1. likes / the man / animals

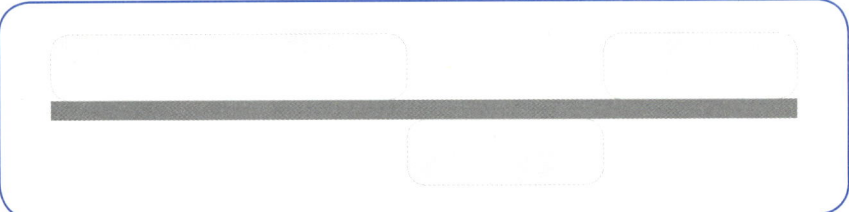

2. pretty / are / the girls

3. bought / Mary and I / a notebook

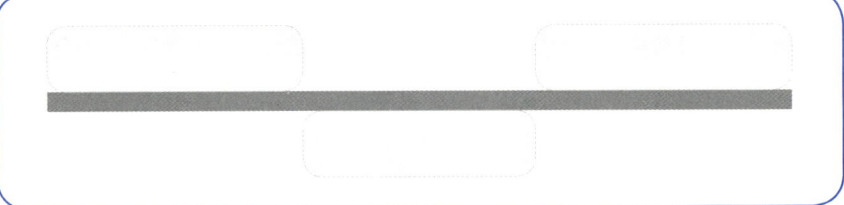

4. a pilot / his job / is

이제 배운 내용을 잘 활용해서 영작문을 해보세요.
문장을 정확하게 쓰는 연습을 해봅시다.

2 Write each sentence correctly.

1. Mom likes our.

2. My teacher kind is.

3. They drink waters in the morning.

4. Childrens like the toy.

5. James knows the cat cute.

6. He looked at me picture.

7. I said, "Open a window!"

8. Jack is the stronger Tom.

3 Translate Korean into English.

1. 그의 책이 그녀의 것보다 비싸다.

2. 서울이 한국에서 가장 큰 도시이다.

PART 2 원숭이 라인
동사와 부사

SECRET 11 동사의 종류

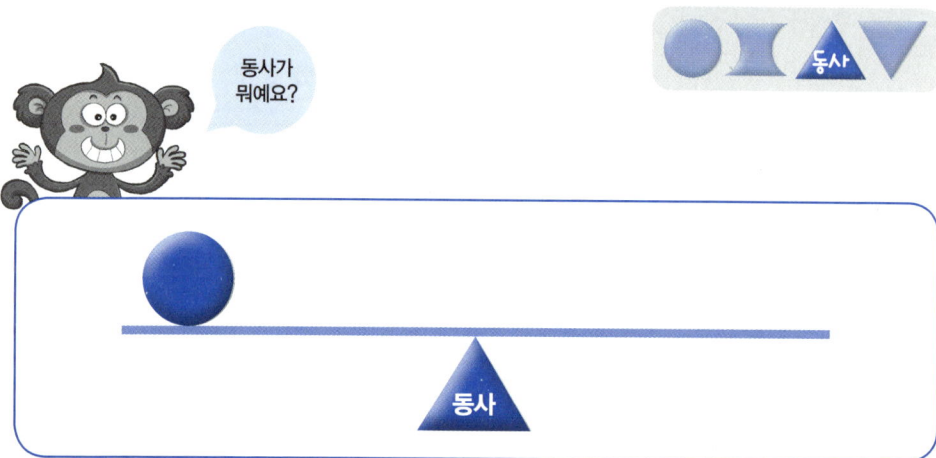

대답 ▶ 주어 다음에 오는 것이 동사예요. 동사에는 ① 일반동사와 ② be 동사가 있어요.

① **일반동사**는 실제로 움직이는 run(뛰다), swim(수영하다) 같은 말도 있지만, 머리 속에서 움직이는 think(생각하다), guess(추측하다) 같은 말도 있어요.

I play basketball every Sunday. 나는 매주 일요일마다 농구를 한다.
  일반동사

② **be 동사**는 주어에 따라서 형태가 바뀌죠.

	단수 주어	be 동사	복수 주어	be 동사
1인칭	I (나는)	am	we (우리는)	are
2인칭	you (너는)	are	you (너희들은)	are
3인칭	he/she (그는 / 그녀는)	is	they (그들은/ 그것들은)	are

I am Korean. 나는 한국인이야.
Tom is very kind. 톰은 매우 친절해.
You are a good student. 너는 좋은 학생이야.
You are good students. 너희들은 좋은 학생들이야.

- **be 동사**는 우리말로 '~이다' 혹은 '~이 있다'라는 뜻이에요.
- be 동사 다음에 오는 명사나 형용사는 앞에 있는 명사를 보충 설명해 주는 **보어**에요.

Point 동사는 주어 다음에 오는 말이며, ① 일반동사와 ② be 동사가 있어요.

EXERCISE 11

[1단계] 다음 밑줄 친 부분을 채우세요.

1 주어 다음에 오는 것이 _____ 예요.
2 동사에는 ① _____ 와 ② _____ 가 있어요.
3 be 동사는 우리말로 '_____' 혹은 '_____' 라는 뜻이에요.
4 be 동사 다음에 오는 명사나 형용사는 앞에 있는 명사를 보충 설명해 주는 _____ 예요.

[2단계] 다음 중 동사에 △표시하고, 그 동사 밑에 일반동사 혹은 be 동사를 써보세요.

5 He bought a cake.
_____

6 Mary helps her mother.
_____

7 The noise is very loud.   7 noise 소음
_____   loud (소리가) 큰

8 I thought her all day.   8 thought 생각했다
_____   all day 하루 종일

9 That is a very big monster.
_____

10 These are excellent computers.   10 excellent 뛰어난
_____

[3단계] 다음 우리말을 영어로 바꿔 보세요.

11 너희들은 나의 보물들이다. (treasures)
_____

12 그 고양이는 책상 위에 있다. (on the desk)
_____

SECRET 12 동사와 목적어

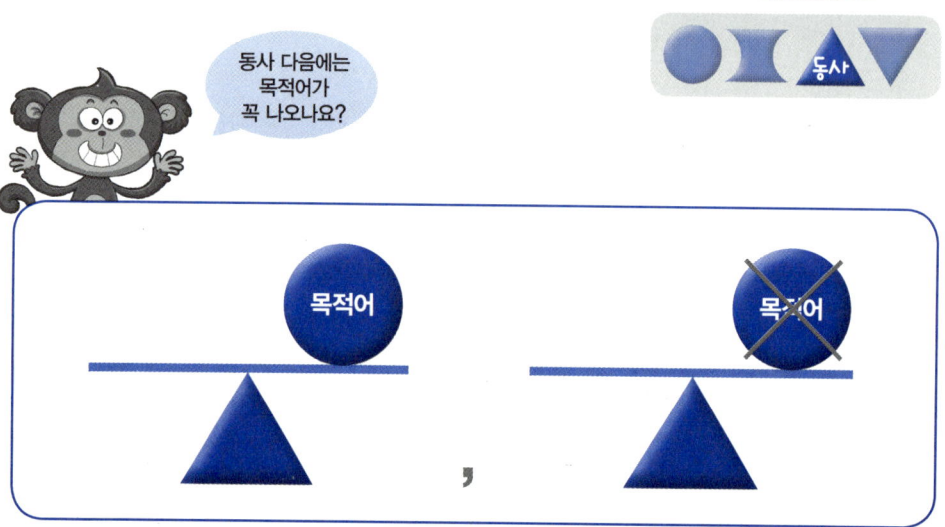

동사 다음에는 목적어가 꼭 나오나요?

대답 ▶ 동사 다음에는 ① 목적어가 나오는 경우 ② 목적어가 안 나오는 두 경우가 있어요.

① **타동사 + 목적어**

She **made** the <u>box</u>. 그녀는 그 박스를 만들었다.
   목적어 (명사)

② **자동사 + 목적어 안나옴**

He **looks** <u>good</u>. 그는 좋아 보인다.
   형용사

Birds **fly** <u>in the sky</u>. 새들은 하늘에서 난다.
   전치사

자동사 다음에는 목적어가 안 오고 형용사나 전치사가 많이 와요.

● 자동사, 타동사 구별법!
대개 우리말로 '～을, 를' 이 들어가는지 확인해 보면 돼요. 들어가면 **타동사** 지요.

ex) like는 '～을(를) 좋아하다'니깐 **타동사**, run은 '～을 뛰다'가 아니고, '뛰다'니깐 **자동사**

Point 뒤에 목적어가 나오면 타동사이고, 목적어가 안 나오면 자동사예요.

EXERCISE ⑫

[1단계] 다음 밑줄 친 부분을 채우세요.

1. 동사 다음에는 ①_____가 나오는 경우 ②_____가 안 나오는 두 경우가 있어요.
2. 자동사 다음에는 목적어(명사)가 안 오고 _____ 나 _____가 와요.
3. 우리말로 동사의 의미에 '~을, 를'이 들어가는 단어가 나오면 _____ 예요.
4. 뒤에 목적어가 나오면 _____ 이고, 목적어가 안 나오면 _____ 예요.

[2단계] 다음 중 동사에 △표시하고, 그 동사 밑에 자동사 혹은 타동사를 써보세요.

5. He saw the pictures yesterday.
   _____

6. I went to the grocery store.
   _____

7. The spaghetti smells nice.
   _____

8. We know the politician well.
   _____

9. Tom enjoys the computer game.
   _____

10. He ran in the playground.
    _____

6 grocery store 식료품 가게

8 politician 정치가

10 playground 운동장

[3단계] 다음 우리말을 영어로 바꿔 보세요.

11. 나는 동물원에서 사자를 보았다. (at the zoo)
    _____

12. 사자들은 동물원에 산다. (in the zoo)
    _____

SECRET 13 현재동사와 과거동사

언제 현재동사를 쓰고 언제 과거동사를 써요?

과거 (옛날 일) — ~ed/ was, were

현재 (매일 습관) — 동사원형 / am, are, is

대답 ▶ 현재동사는 매일 습관처럼 하고 있을 때 쓰고, 과거동사는 옛날에 한 일에 대해 써요.

현재동사

I <u>wake up</u> early every morning. 나는 매일 아침 일찍 일어난다.
I always <u>have</u> lunch at 12:00. 나는 항상 12시에 점심을 먹는다.

* 주어가 3인칭 단수 (나와 너를 뺀 나머지 he, she, it 등)일 때는 현재동사에
  -s, -es, -ies를 붙여요.

~s	eats, reads	ex) She eats dinner at 7:00
~es	washes, watches	ex) He watches TV every evening.
~ies	studies, cries	ex) Tom studies English every night.

과거동사

They <u>were</u> very sad at that time. 그들은 그 당시에 매우 슬펐다.
I <u>liked</u> the game 2 years ago. 나는 2년 전에 그 게임을 좋아했다.
He <u>went</u> to America yesterday. 그는 어제 미국에 갔다.

● 지금 막 하고 있는 일을 표현할 때는 현재동사를 쓰지 않고 **현재진행형**을 써요. 자세한 점은 Secret 51을 참고하세요.

be 동사 과거	was – 단수, were – 복수
일반동사 과거 규칙 (~ed)	walked 걸었다, liked 좋아했다, studied 공부했다
일반동사 과거 불규칙	went 갔다, slept 잠잤다, swam 수영했다

Point 매일 습관적일 때는 현재동사를 쓰고, 이전 일을 표현할 때는 과거동사를 써요.

EXERCISE ⑬

[1단계] 다음 밑줄 친 부분을 채우세요.

1. 매일 습관적인 것을 나타낼 때는 _____를 써요.
2. 주어가 3인칭 단수일 때는 현재동사에 _____, _____, _____를 붙여요.
3. 이전 일을 표현할 때는 _____를 써요.
4. be 동사의 과거형은 _____와 _____이에요.

[2단계] 다음 중 주어진 동사를 보고 알맞은 형태를 써보세요.

5. Mary _____ at 7:00 every morning.
   (get up)

6. I _____ to school every day. (walk)

7. My mother _____ magazines every dinner.
   (read)

   7 magazine 잡지

8. She _____ very sick yesterday, but she _____ Okay now. (be)

9. My mom and dad _____ to Australia yesterday. (go)

10. I _____ Mary, but I _____ Sarah more now. (like)

    10 more 더 많이

[3단계] 다음 우리말을 영어로 바꿔 보세요.

11. 그는 매일 저녁 컴퓨터 게임을 한다.
    _____

12. 나는 작년에는 부산에 살았지만, 지금은 서울에 산다.
    _____

SECRET 14 be 동사로 문장 만들기

be 동사의 의문문, 부정문은 어떻게 만들어요?

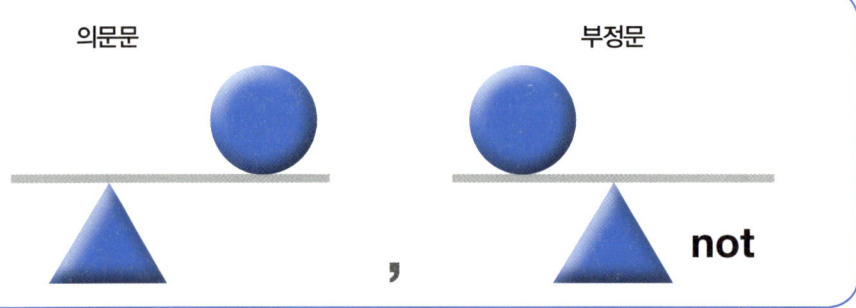

의문문 , 부정문 not

대답 ▶ 물어보는 말(의문문)은 be 동사를 맨 앞으로 보내고,
아니라고 하는 말(부정문)은 be 동사 뒤에 not만 붙이면 돼요.

의문문

James is our English teacher. 제임스는 우리 영어 선생님이야.
→ **Is** James our English teacher? 제임스가 우리 영어 선생님이니?

부정문

Those are my favorite toys. 저것들은 내가 가장 좋아하는 장난감들이야.
→ Those **are not** my favorite toys. 저것들은 내가 가장 좋아하는 장난감들이 아니야.

* 줄임말도 함께 알아두세요.
is not = isn't   was not = wasn't
are not = aren't   were not = weren't

● 의문사(who, when, where, what, how, why)가 있으면 의문사를 맨 앞으로 보내요.
ex) What is your name?
Where is she?

Point 의문문은 be 동사를 앞으로 보내고, 부정문은 be 동사 뒤에 not을 붙여요.

EXERCISE 14

[1단계] 다음 밑줄 친 부분을 채우세요.

1. be 동사가 있는 문장에서 **의문문**을 만들려면 be 동사를 _____ 으로 보내요.
2. be 동사가 있는 문장에서 **부정문**을 만들려면 be 동사 뒤에 _____ 만 붙이면 돼요.
3. is not = (   ), are not = (   ), was not= (   ), were not = (   )
4. 의문사가 있으면 의문사를 _____ 으로 보내요.

[2단계] 다음 중 동사에 △ 표시하고, 지시에 따라 바꿔 보세요.

5. Mary is very unhappy. (부정문)
   _____

   5 unhappy 행복하지 않은

6. It is the smartest animal. (의문문)
   _____

7. Tom and Jack were good students. (의문문)
   _____

8. The dolphin was showing its jumping. (부정문, 줄임말 사용)
   _____

   8 dolphin 돌고래
      show 보여주다

9. Sam and Bill are twin boys. (의문문)
   _____

   9 twin 쌍둥이

10. I am tall like Tom. (부정문)
    _____

    10 like ~처럼

[3단계] 다음 우리말을 영어로 바꿔 보세요.

11. 그 남자는 누구니?
    _____

12. 세계에서 가장 빠른 동물이 뭐니? (in the world)
    _____

SECRET 15 일반동사로 문장 만들기

일반동사의 의문문, 부정문은 어떻게 만들어요?

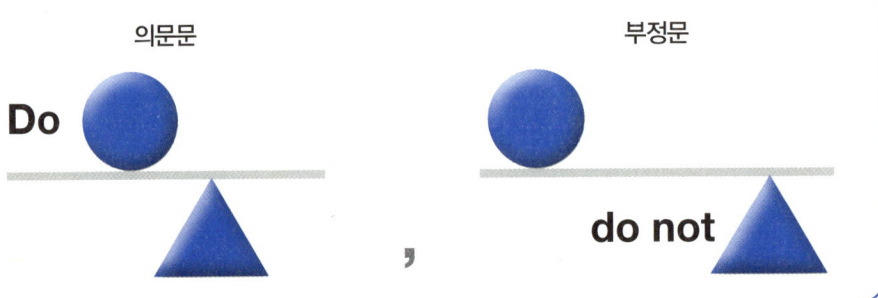

대답 ▶ 의문문은 do를 주어 앞에 쓰고, 부정문은 일반동사 앞에 **do not**만 붙이면 돼요.
do 동사 뒤에는 무조건 동사의 원형이 와야 해요.
주어가 3인칭 단수인 경우는 do 대신 **does**를 쓰고, 과거형인 경우는 **did**를 써요.

의문문

① They live in Pusan. 그들은 부산에 살아.

→ **Do** they **live** in Pusan? 그들은 부산에 사니?

② He knows my teacher. 그는 나의 선생님을 알아.

→ **Does** he **know** my teacher? 그는 나의 선생님을 아니?

부정문

I liked my teacher. 나는 나의 선생님을 좋아했다.

→ I **did not** (= didn't) **like** my teacher.
나는 나의 선생님을 좋아하지 않았다.

- 의문사(who, when, where, what, how, why)가 있으면 의문사를 **맨 앞**으로 보내요.
ex) What do you know about him?
Where does she live?

Point 의문문은 do를 주어 앞에 쓰고, 부정문은 일반동사 앞에 do not을 붙여요.

 **EXERCISE ⑮**

[1단계] 다음 밑줄 친 부분을 채우세요.

1. 일반동사가 있는 문장에서 **의문문**을 만들려면 _____를 _____ 앞에 써요.
2. 일반동사가 있는 문장에서 **부정문**을 만들려면 동사 앞에 _____ _____을 써요.
3. do 동사 뒤에는 무조건 동사의 _____이 와야 해요.
4. **주어가 3인칭 단수**인 경우는 do 대신 _____를 쓰고, **과거형**인 경우는 _____를 써요.

[2단계] 다음 중 동사에 △표시하고, 지시에 따라 바꿔 보세요.

5. She has a good teacher. (부정문)
   _____

6. Tom lives in America. (의문문)
   _____

7. The man went to Canada two years ago. (의문문)
   _____

8. The dog found its house. (부정문, 줄임말 사용)   8 find-found-found 찾다
   _____

9. Julie and Mary have a good relationship. (의문문)   9 relationship 관계
   _____

10. Jack speaks Chinese well. (부정문)   10 Chinese 중국어
    _____

[3단계] 다음 우리말을 영어로 바꿔 보세요.

11. 너는 매일 무엇을 하니?
    _____

12. 이것에 대해 어떻게 느꼈니?
    _____

SECRET 16 부사의 쓰임

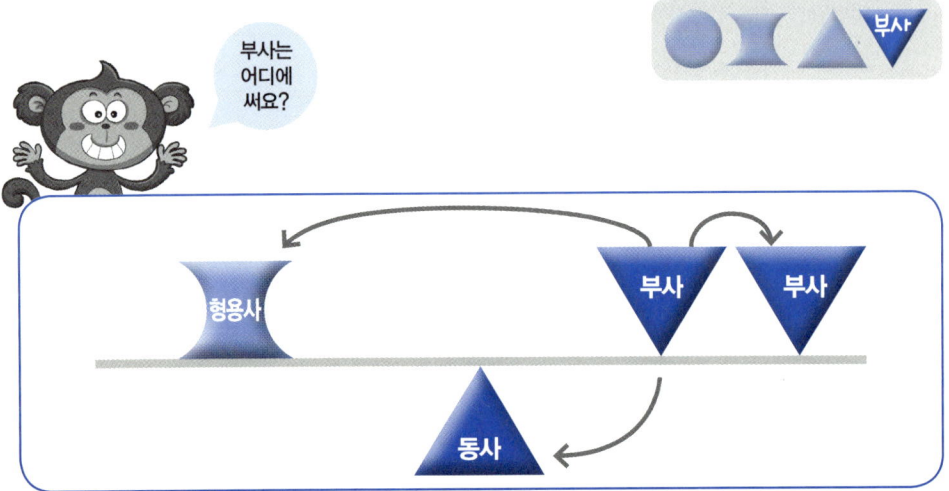

대답 ▶ 부사는 명사만 빼고 다 꾸며줄 수 있어요.

① 동사를 꾸며주는 부사

He **walked quickly**. 그는 빠르게 걸었다.

② 형용사를 꾸며주는 부사

She is **very happy**. 그녀는 매우 행복하다.

③ 다른 부사를 꾸며주는 부사

They travel **really often**. 그들은 정말로 자주 여행한다.

● 부사는 대개 우리말로 '~하게'로 끝나는 경우가 많아요. ex) nicely 멋지게, strongly 강하게

④ 문장 전체를 꾸며주는 부사

Happily, he won the sports. 행복하게도, 그가 그 스포츠에서 우승했다.

* 주로 형용사에 ly를 붙이면 부사가 돼요. 하지만 ly가 있으면 꼭 부사가 되는 것은 아니에요.
  ex) kindly(형용사+ly): 부사, friendly(명사+ly): 형용사

Point 부사는 명사를 뺀 나머지 모두를 꾸며줄 수 있는 말이에요.

EXERCISE 16

[1단계] 다음 밑줄 친 부분을 채우세요.

1 부사는 _____만 빼고 다 꾸며줄 수 있어요.

2 부사는 ① _____, ② _____, ③ _____, ④ _____를 꾸며줘요.

3 주로 형용사에 _____를 붙이면 부사가 돼요.

4 부사는 대개 우리말로 '_____' 로 끝나는 경우가 많아요.

[2단계] 다음 중 부사에 ▽표시하고, 꾸밈을 받는 말에 밑줄을 그으세요.

5 The boy answered rudely.

5 rudely 무례하게

6 It was a really beautiful mountain.

7 She always does her homework after school.

8 Tom was very foolish.

8 foolish 어리석은

9 Fortunately, he passed the exam.

9 fortunately 운 좋게도
pass 통과하다

10 James speaks English very well.

[3단계] 다음 우리말을 영어로 바꿔 보세요.

11 그는 정말로 빨리 뛰었다.

12 불행하게도, 그는 영어를 매우 잘 말하지 않는다. (unfortunately 불행하게도)

SECRET 17 유도부사 there

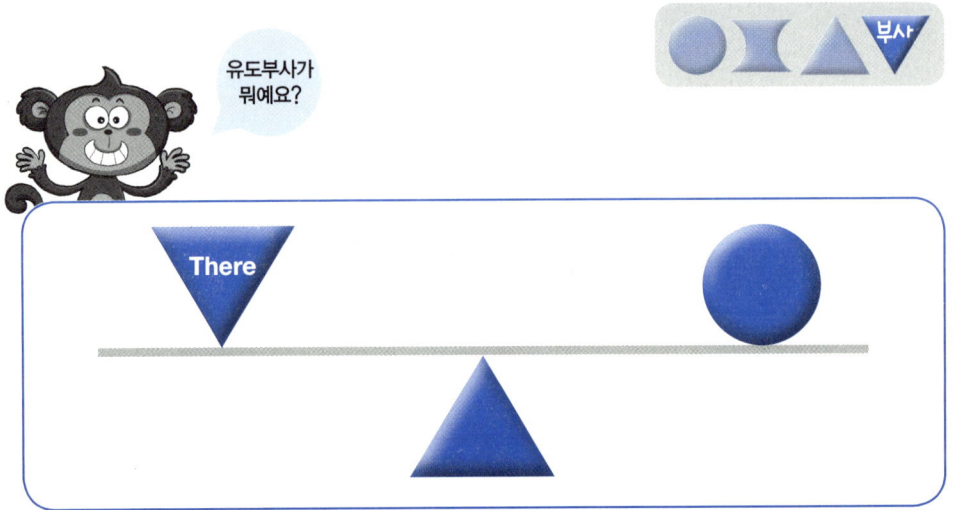

유도부사가 뭐예요?

대답 ▶ 문장 맨 앞에 쓰는 there을 유도부사라고 해요. 유도부사는 문장 맨 앞에 있어요. 그래도 주어는 아니에요. 주어는 동사 바로 뒤에 와요.

There is a book on the table. 테이블 위에 책 한 권이 있다.
　　　　　　주어

There are many books on the table. 테이블 위에 많은 책들이 있다.
　　　　　　　　주어

일단, there는 대개 혼자 해석을 하지 않아요. There + be 동사로 '~이/가 있다'라고 해석해요. be 동사는 뒤에 있는 주어에 따라 바뀌지요. 즉, **주어가 단수**이면 is, **복수**이면 are이에요. 그리고 There 다음에는 주로 be 동사가 오지만, 일반동사가 나오기도 한답니다.

● **there**는 원래 '거기에'라는 뜻을 가지고 있어요.
ex) I went there today. 나는 오늘 거기에 갔다.

There lived a king named James.
제임스라고 불리는 왕이 살았습니다.

Point 문장 맨 앞에 나오는 there를 유도부사라고 해요. 주어는 동사 다음에 나와요.

EXERCISE ⑰

[1단계] 다음 밑줄 친 부분을 채우세요.

1. 유도부사는 문장 맨 앞에 나오는 _____ 를 말해요.
2. 유도부사로 시작되는 문장은 주어가 동사 바로 _____ 에 와요.
3. 유도부사 there는 대개 _____ 하지 않아요.
4. there는 원래 '_____' 라는 뜻을 가지고 있어요.

[2단계] 다음 괄호에 알맞은 동사를 쓰고, 문장을 해석하세요.

5. There ( ) a hole in my jeans. (be동사 현재형)
   _____

   5 hole 구멍
   jeans 청바지

6. There ( ) a lot of cows out in the field. (be동사 현재형)
   _____

   6 cow 소
   field 들판

7. There ( ) some milk left. (be동사 현재형)
   _____

   7 left 남겨진

8. There ( ) a big tree on the hill. (be동사 과거형)
   _____

   8 hill 언덕

9. There ( ) another problem. (remain 현재형)
   _____

   9 remain 남아 있다

10. There ( ) a pretty princess. (live 과거형)
    _____

[3단계] 다음 우리말을 영어로 바꿔 보세요.

11. 키 큰 나무 밑에 한 남자가 있다. (under)
    _____

12. 그 마을에는 큰 괴물이 살았었다. (monster)
    _____

SECRET 18 빈도부사와 그 위치

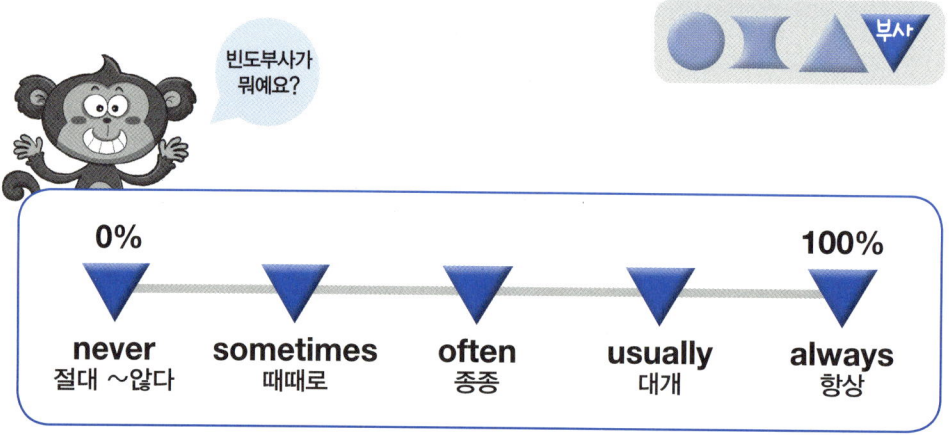

대답 ▶ 빈도부사는 같은 일이 얼마나 자주 반복되는지 알려주는 부사예요.

Q) How often do you go shopping? 얼마나 자주 쇼핑해요?
A: I **sometimes** go shopping. 나는 때때로 쇼핑해요.
A: I **often** go shopping. 나는 종종 쇼핑해요.

Q) How often are you sick? 얼마나 자주 아파요?
A: I am **never** sick. 나는 전혀 아프지 않아요.
A: I'm **always** sick. 나는 항상 아파요.

빈도부사는 be 동사 및 조동사 뒤에, 일반동사 앞에 와요. ('be 조 뒤 일반 앞'이라고 외우세요.)

* 조동사는 동사를 도와주는 동사예요. (자세한 점은 Secret 31을 참고하세요.)

> 빈도부사 중에서 often과 sometimes는 명사 앞만 빼고 자유롭게 쓰기도 해요. be 동사 뒤에 not이 있으면 빈도부사는 not 뒤에 와요.

Point 횟수를 알려주는 빈도부사는 be 동사와 조동사 뒤, 일반동사 앞에 와요.

EXERCISE 18

[1단계] 다음 밑줄 친 부분을 채우세요.

1. _____는 같은 일이 얼마나 자주 반복되는지 알려주는 부사예요.
2. never – (_____) - often- (_____) - always
3. 빈도부사는 _____, _____ 뒤에, _____ 앞에 와요.
4. 빈도부사 중에서 _____과 _____는 명사 앞만 빼고 자유롭게 쓰기도 해요.

[2단계] 다음 중 빈도부사에 ▽표시하고, 알맞은 위치에 ∨ 표 하세요.

5 I eat always breakfast.
_____

6 Tom eats spaghetti never.
_____

7 She has usually problems with her computer.
_____

7 problem 문제

8 The man never is brave.
_____

8 brave 용감한

9 I eat sometimes bread.
_____

10 I am always not sad.
_____

[3단계] 다음 우리말을 영어로 바꿔 보세요.

11 나는 대개 7시에 일어난다.
_____

12 그녀는 결코 학교에 늦지 않는다.
_____

57

SECRET 19 전치사 + 장소로 부사 만들기

전치사와 장소가 만나면 뭐가 돼요?

전치사 + 장소 명사 =

대답 ▶ to, at, on, in과 같은 전치사 다음에 장소를 나타내는 명사가 오면 꾸며주는 부사 역할을 해요.

on은 접촉이 되어 있을 때 쓰여요. 여기에서는 컵과 탁자가 접촉되어 있어요.

She put the cup <u>on the table</u>. 그녀는 탁자 위에 컵을 놓았다.
　　　　　　　부사: 동사 수식

to(어떤 장소로 움직임): We went <u>to school</u>. 우리는 학교에 갔다.
at(움직임 없음): We stayed <u>at home</u>. 우리는 집에 머물렀다.
at(상대적으로 좁은 장소): I met him <u>at the resturant</u>. 나는 그 식당에서 그를 만났다.
in(상대적으로 넓은 장소): She lives <u>in New York</u>. 그녀는 뉴욕에 산다.

at과 **in**은 장소를 볼 때 크게 볼 수도 있고, 작게 볼 수도 있기 때문에 관점에 따라서 다를 수 있어요.

● 전치사 + 장소는 우리말로 '~에, ~에서'라고 해석해요.

Point 전치사 다음에 장소 명사를 쓰면 꾸며주는 부사 역할을 해요.

[1단계] 다음 밑줄 친 부분을 채우세요.

1. 전치사 다음에 장소 명사를 쓰면 꾸며주는 _____ 역할을 해요.
2. 접촉이 되어 있을 때 쓰는 전치사는 _____ 이에요.
3. **to** + 장소는 _____ 이 있고, **at** + 장소는 _____ 이 없어요.
4. **at** + 장소는 상대적으로 _____ 장소이고, **in** + 장소는 상대적으로 _____ 장소예요.

[2단계] 다음 중 알맞은 전치사를 고르고, 장소 명사와 함께 뜻을 쓰세요.

5. The doctor went (to, at) the hospital.
   _____

6. There are two books (on, in) the shelf.
   _____

   6 shelf 선반

7. The woman lives (at, in) America.
   _____

8. They stayed (to, at) an entrance.
   _____

   8 entrance 입구

9. My best friend moved (to, at) Pusan.
   _____

10. There were few people (in, to) the city at that time.
    _____

    10 few 거의 없는
    at that time 그때에

[3단계] 다음 우리말을 영어로 바꿔 보세요.

11. 나의 삼촌은 그 호텔에 머물렀다.
    _____

12. 그 병에는 노란 라벨이 붙어 있다. (There is, label)
    _____

SECRET 20 전치사 + 시간으로 부사 만들기

시간 앞에 오는 전치사는 어떤 것이 있어요?

 부사

전치사 + 시간 명사 = ▽

대답 ▶ for, at, on, in과 같은 전치사 다음에 시간을 나타내는 명사가 오면, 이것도 꾸며주는 부사 역할을 해요.

I **waited for** her **for three hours**. 나는 그녀를 3시간 동안 기다렸다.
부사: 동사 수식

for 다음에는 주로 숫자가 나오며 '~동안'이라는 뜻으로 쓰여요.
여기에서는 3이라는 숫자가 나왔어요.

in > 하루 : 월 이상의 시간(월/계절/연도/세기), 또는 하루의 어느 부분
 in January 1월에   in the morning 아침에

on = 하루 : 특정한 날이나 날짜, 요일을 말함
 on Friday 금요일에   on my birthday 내 생일에

at < 하루 : 어떤 일이 발생한 정확한 시간이나 시각
 at 7 일곱 시에

● '~동안'의 의미를 가진 전치사: **for** + 숫자, **during** + 특정 사건.

Point 전치사 다음에 시간 명사를 쓰면 꾸며주는 부사 역할을 해요.

EXERCISE 20

[1단계] 다음 밑줄 친 부분을 채우세요.

1. 전치사 다음에 시간 명사를 쓰면 꾸며주는 _____ 역할을 해요.
2. ~동안 : for + _____, during + _____
3. _____ > 하루, _____ = 하루, _____ < 하루
4. 하루의 어느 부분을 나타낼 때도 _____ 을 써요.

[2단계] 다음 중 알맞은 전치사를 고르고, 시간 명사와 함께 뜻을 쓰세요.

5. The apartment was built (in , on) 2013.
   _____

6. The play will begin (at, in) 7.
   _____

7. I usually get up at 6 (on, in) the morning.
   _____

8. I play basketball (on, at) Sundays.
   _____

9. Australia is beautiful (in, on) summer.
   _____

10. My birthday is (on, in) January 28th.
    _____

5 was built 지어졌다

6 play 연극

[3단계] 다음 우리말을 영어로 바꿔 보세요.

11. 나는 방학 동안 그 가게에서 일했다.
    _____

12. 나는 5일 동안 그 가게에서 일했다.
    _____

REVIEW 3

1 다음 그래머 맵 빈칸에 알맞은 내용을 채우세요.

동사 만들기	부사 만들기
도형을 그려보세요.	도형을 그려보세요.
1. **동사**는 주어 다음에 오는 말이며, ① _____ 와 ② _____ 가 있어요.	1. **부사**는 _____ 를 뺀 나머지 모두를 꾸며줄 수 있는 말이에요.
2. 뒤에 **목적어**가 나오면 _____ 이고, 목적어가 안 나오면 _____ 예요.	2. 문장 맨 앞에 나오는 **there**를 _____ 라고 해요. 주어는 _____ 다음에 나와요.
3. 매일 습관적일 때는 _____ 를 쓰고, 이전 일을 표현할 때는 _____ 를 써요.	3. 횟수를 알려주는 **빈도부사**는 be 동사와 조동사 _____, 일반동사 _____ 에 와요.
4. **의문문**은 be 동사를 _____ 보내고, **부정문**은 be 동사 _____ not 을 붙여요.	4. **전치사** 다음에 **장소 명사**를 쓰면 꾸며주는 _____ 역할을 해요.
5. **일반동사의 의문문**은 _____ 를 주어 앞에 쓰고, **부정문**은 일반동사 앞에 _____ 을 붙여요.	5. **전치사** 다음에 **시간 명사**를 쓰면 꾸며주는 _____ 역할을 해요.

PART 2에서는 동사와 부사의 가장 기본적인 형태인 원숭이 라인을 배웠어요.
배운 내용을 잘 기억하면서 복습해 봅시다.

2 다음 문장에서 보기에 있는 말을 골라 괄호 안에 넣고, 해석하세요. (중복 가능)

[보기]
빈도부사   유도부사   시간 전치사   장소 전치사   자동사   타동사

1. The man stayed at an inn. (   )
   _____

2. There were many people on the bus. (   )
   _____

3. He arrived at noon. (   )
   _____

4. He is always late for school. (   )
   _____

5. She looks beautiful. (   )
   _____

6. I have an apartment in the city. (   )
   _____

7. James sometimes goes to the restaurant. (   )
   _____

8. The teacher loved all students. (   )
   _____

REVIEW 4 GRAMMAR FOR WRITING

1
Choose the right word to fill each blank.

1. not / kind / the people / are

2. in the library / are / there / many books

3. did / do / your homework / you

4. big problems / there / were

이제 배운 내용을 잘 활용해서 영작문을 해 보세요.
문장을 정확하게 쓰는 연습을 해봅시다.

2 Write each sentence correctly.

1. There is many books.

2. Are you late for school in the morning?

3. Does he plays soccer on Sundays?

4. The children like always pizza.

5. The teacher do not like the food.

6. Does he is sick now?

7. Are they go to the mountain every day?

8. He goes to America yesterday.

3 Translate Korean into English.

1. 그는 항상 아침에 늦게 일어난다.

2. 전쟁 동안에 많은 사람들이 여기를 떠났다.

PART 3 손오공 라인 명사와 형용사

원숭이 라인에 있던 동사가 새로운 명사와 형용사로 변신한 거예요.

SECRET 21 동사로 명사 만들기

동사를 어떻게 명사로 만들어요?

 + ing →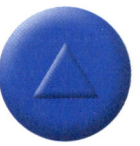

대답 ▶ 동사에 **ing**를 붙여서 **명사**로 변신한 거예요. ing는 명사로 바꾸는 아이템이죠.

동명사: 동사를 명사로 바꾼 것의 앞자를 따서 **동명사**라고 해요.

    study      studying
    공부하다 (동사)   공부하는 것 (명사)

그런데 명사로 왜 변신하냐고요? 동사도 **주어, 목적어, 보어**가 되고 싶어서요.

주어로 사용: **Going** to school is not always fun.
             동사+ing
      학교에 가는 것이 항상 재미있는 것은 아니다.
            동명사   주어에 붙는 조사

목적어로 사용: My mom likes **making** spagetti.
                       동사+ing
      우리 엄마는 스파게티를 만드는 것을 좋아하신다.
                    동명사   목적어에 붙는 조사

보어로 사용: His dream is **becoming** a famous singer.
                   동사+ing
      그의 꿈은 인기있는 가수가 되는 것이다.
                  동명사 보어에 붙는 조사

● 동사가 **e**로 끝나면 e는 빼고 ing를 붙여요. 동명사는 우리말로 '~(하는) 것'으로 해석해요.

Point 동명사는 동사가 명사로 변신한 것이고, 동사에 ing를 붙여요.

EXERCISE 21

[1단계] 다음 밑줄 친 부분을 채우세요.

1. 동명사는 동사에 _____를 붙여서 _____로 변신한 거예요.
2. 명사로 변신한 이유는 _____, _____, _____가 되려고요.
3. 동사가 e로 끝나면 _____는 빼고 ing를 붙여요.
4. 동명사는 우리말로 '_____'으로 해석해요.

[2단계] 다음 중 동명사에 ○ 표시하고, 그 밑에 주어, 목적어, 혹은 보어를 써보세요.

5. My plan is going to America next year.

   _____

6. Living in the country is often boring.

   _____

7. Mary started learning Chinese.

   _____

8. What he likes best is playing jokes.

   _____

9. Telling a lie is wrong.

   _____

10. Tom enjoyed playing baseball on Sundays.

    _____

5. next year 내년

8. what~ ~하는 것
   play joke 농담하다

9. lie 거짓말

10. enjoy 즐기다

[3단계] 다음 우리말을 영어로 바꿔 보세요.

11. 나는 숙제하는 것을 끝마쳤다.

    _____

12. 담배 피우는 것은 너에게 나쁘다.

    _____

SECRET 22 동명사 + 명사 1

동명사 다음에 명사가 또 와도 돼요?

대답 ▶ 네. 주어 역할을 하는 동명사 다음에 명사가 또 올 수 있어요.
동명사는 동사가 명사로 변신한 거지만 동사 성격이 조금 남아 있어서 그래요.
원래, 동사 다음에 명사가 오잖아요.

Being a liar is bad. 거짓말쟁이인 것은 나쁘다.
동명사 명사   명사   동명사 주어에 붙는 조사

Studying math is often hard work. 수학을 공부하는 것은 종종 어려운 일이다.
동명사   명사   명사   동명사   주어에 붙는 조사

주어인 동명사 다음의 명사도 **동명사의 목적어나 보어** 역할을 해요. 이건 전체 문장 동사의 목적어나 보어가 아니고 동명사만의 목적어나 보어니까 헷갈리지 마세요.

> • 동명사가 주어이면 주어를 단수로 취급해요.
> **Studying** English **is** fun.
> 주어가 단수 동사도 단수로

Point 주어 역할을 하는 저울 왼쪽에 동명사 + 명사가 나올 수 있어요.

EXERCISE 22

[1단계] 다음 밑줄 친 부분을 채우세요.

1 주어 역할을 하는 저울 왼쪽에 동명사 + _____ 가 나올 수 있어요.
2 동명사는 명사로 변신한 거지만 원래는 _____ 여서 뒤에 _____ 가 올 수 있어요.
3 동명사 다음에 오는 명사도 동명사만의 _____ 나 _____ 역할을 해요.
4 동명사가 주어이면 주어를 _____ 로 취급해요.

[2단계] 다음 중 동명사에 ○표시하고, 주어 전체를 해석해 보세요.

5 Solving the problem is very difficult.
   _____

6 Being overweight is a big problem.
   _____

7 Drinking clean water is good for you.
   _____

8 Becoming a singer is my dream.
   _____

9 Studying Spanish is very fun.
   _____

10 Being a class president is an honor to me.
   _____

5 solve 풀다
6 overweight 과체중의
9 Spanish 스페인어
10 honor 영예

[3단계] 다음 우리말을 영어로 바꿔 보세요.

11 그 소문을 믿는 것은 좋지 않다.
   _____

12 학교에 늦는 것은 나쁜 습관이다.
   _____

SECRET 23 동명사 + 명사 II

오른쪽에도 동명사 다음에 명사가 오나요?

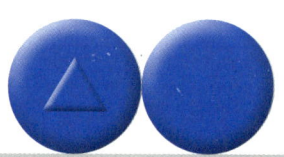

대답 ▶ 네. 저울 오른쪽에도 동명사 다음에 명사가 나올 수 있어요.
저울 오른쪽은 목적어나 보어가 들어가는 거 기억하시죠?

My plan is **becoming** a scientist. 나의 계획은 과학자가 되는 것이다. (**보어** 자리에 있는
　　동명사　　명사　　　　　　　　　명사　　동명사　　동명사 + 명사)

His job is **teaching** English. 그의 직업은 영어를 가르치는 것이다. (**보어** 자리에 있는
　동명사　　명사　　　　　　　명사　　동명사　　　동명사 + 명사)

I like **eating** pizza. 나는 피자를 먹는 것을 좋아한다. (**목적어** 자리에 있는 동명사 + 명사)
　동명사　명사　　　　명사　　동명사

- 저울 오른쪽에 쓰인 동명사 다음에 오는 명사도 동명사만의 목적어나 보어 역할을 해요.
- 동명사 다음에 반드시 명사가 오는 것은 아니에요. 안 올 수도 있어요.
  ex) Swimming is fun. 수영하는 것은 재미있다.

Point 목적어나 보어 역할을 하는 저울 오른쪽에 동명사 + 명사가 나올 수 있어요.

[1단계] 다음 밑줄 친 부분을 채우세요.

1. 저울 오른쪽에도 동명사 + _____ 가 나올 수 있어요.
2. 저울 오른쪽은 _____ 나 _____ 자리예요.
3. 저울 오른쪽 동명사 다음에 명사도 동명사만의 _____ 나 _____ 역할을 해요.
4. 동명사 다음에 _____ 가 반드시 나오는 것은 아니에요.

[2단계] 다음 중 동명사에 ○ 표시하고, 목적어나 보어 전체를 해석해 보세요.

5. She finished painting the wall.
   _____

6. I like skating.
   _____

7. My dream is becoming a politician.
   _____

   7 politician 정치가

8. Her hobby is making model planes.
   _____

   8 model 모형

9. James likes drawing pictures.
   _____

   9 draw 그리다

10. Jack enjoyed studying English.
    _____

[3단계] 다음 우리말을 영어로 바꿔 보세요.

11. 나의 취미는 책을 읽는 것이다.
    _____

12. 나는 편지를 쓰는 것을 좋아한다.
    _____

SECRET 24 동사에 to 붙여서 명사 만들기

동사를 명사로 만드는 방법이 또 있어요?

to + ▲ → ●

대답 ▶ 네. 동사 앞에 to를 붙여도 동사에서 명사로 변신해요.

 →
swim → to swim
수영하다 (동사)   수영하는 것 (명사)

to + 동사원형을 to 부정사라고 불러요. 부정사라는 말은 뭐로 변할지 정해있지 않다는 뜻이에요. 동사에 to를 붙이면 **명사**도 되지만 다른 것(2개 더)으로도 변하거든요. 자세한 점은 Secret 29에서 또 배우게 될 거에요.

- 흔히 to + 동사가 명사로 변신하면 to 부정사의 **명사적 용법**이라고 불러요.
- to + 동사에서 동사는 반드시 **동사의 원형**이어야 해요. 동사에 아무것도 붙이면 안돼요.

I **like to eat** ice cream. 나는 아이스크림을 먹는 것을 좋아한다.
   to 부정사가 **목적어(명사)**로 쓰임

My dream **is to become** a doctor. 나의 꿈은 의사가 되는 것이다.
   to 부정사가 **보어(명사)**로 쓰임

Point to 부정사는 명사로 변신할 수 있어요.

 **EXERCISE ㉔**

[1단계]   다음 밑줄 친 부분을 채우세요.

1	to + 동사는 _____라고 불러요.	
2	to 부정사는 _____로 변신하고, 또 다른 _____개로도 변해요.	
3	to + 동사가 명사로 변신하면 to 부정사의 _____이라고 불러요.	
4	to + 동사에서 동사는 반드시 동사의 _____이어야 해요.	

[2단계]   다음 중 to 부정사에 ○ 표시하고, 그 밑에 주어, 목적어, 혹은 보어를 써보세요.

5   Mary likes to drink coffee.
    _____

6   To see is to believe.
    _____

7   My plan is to go to the mountain.
    _____

8   His dream is to become a famous actor.
    _____

9   My father decided to do the work.   9 decide 결심하다
    _____

10 I promised to help her.   10 promise 약속하다
    _____

[3단계]   다음 우리말을 영어로 바꿔 보세요.

11 나의 친구는 늦잠을 자기를 원했다. (oversleep)
    _____

12 그녀의 희망은 유명한 주방장이 되는 것이다. (chef)
    _____

SECRET 25 동명사와 to 부정사

그럼 동사를 명사로 바꿀 때 동명사와 to 부정사 중 아무거나 써도 돼요?

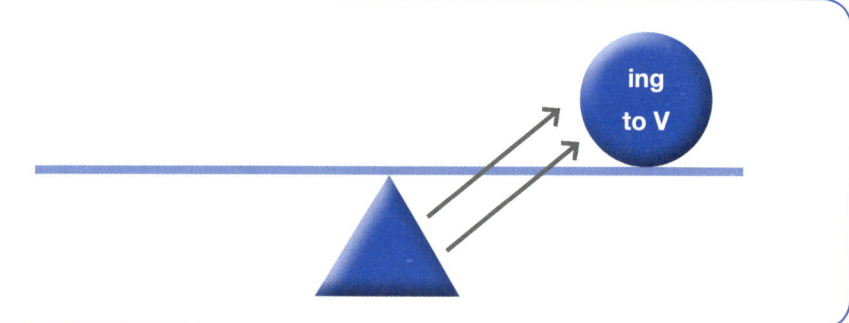

대답 ▶ 꼭 그런 것은 아니에요. **동사**에 따라서 **동명사만** 써야 할 때가 있고 **to 부정사만** 써야 할 때가 있어요. 특히, 동명사나 to 부정사가 **목적어**일 때 그래요.

목적어로 **동명사**만 써야 하는 동사: mind(꺼리다), enjoy(즐기다), give up(포기하다), finish(끝내다), avoid (피하다) 등, 그리고 **과거**에 했던 것을 표현할 때
I <u>enjoyed swimming</u>. (O)   I <u>enjoyed</u> to swim. (X)

목적어로 **to 부정사**만 써야 하는 동사: want(원하다), plan(계획하다), hope(희망하다), expect(기대하다) 등 **미래관련 동사**
I <u>planned to go</u> to America. (O)   I <u>planned</u> going to America. (X)

둘 다 쓸 수 있는 동사: love(사랑하다), like(좋아하다), hate(싫어하다), start(시작하다), begin(시작하다)
I <u>love making</u> friends. (O)   I <u>love to make</u> friends. (O)

● 기본적으로 **동명사**는 과거, **to 부정사**는 미래의 의미를 가지고 있어요.

Point 동사에 따라서 목적어에 동명사가 올지 to 부정사가 올지 결정돼요.

EXERCISE 25

[1단계] 다음 밑줄 친 부분을 채우세요.

1. _____에 따라서 _____에 동명사가 올지 to 부정사가 올지 결정돼요.
2. mind, enjoy, give up – 목적어에 _____ 만 써야 하는 동사
3. want, plan, hope – 목적어에 _____ 만 써야 하는 동사 (_____ 의미 동사)
4. love, like, hate, start – _____ 쓸 수 있는 동사

[2단계] 다음 중 괄호 안에서 알맞은 답을 고르고, 해석을 쓰세요.

5. She enjoyed (going / to go) abroad.
   _____

   5 **abroad** 해외로

6. My father likes (joking / to joke).
   _____

   6 **joke** 농담하다

7. The man planned (visiting / to visit) his uncle's.
   _____

8. I finished (doing / to finish) my English homework.
   _____

9. I don't expect (having / to have) it.
   _____

10. You need to start (exercising / to exercise) for your health.
    _____

    10 **exercise** 운동하다

[3단계] 다음 우리말을 영어로 바꿔 보세요.

11. 나는 일찍 떠나고 싶지 않습니다. (want 사용)
    _____

12. 너는 그녀를 만나는 것을 피할 수 없어.
    _____

77

SECRET 26 동사로 형용사 만들기

동사를 어떻게 형용사로 만들어요?

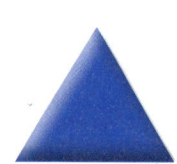 + ing / ed →

대답 ▶ 동사에 ing나 ed를 붙여서 형용사로 만들어요. 이때 만들어진 형용사를 분사라고 불러요.

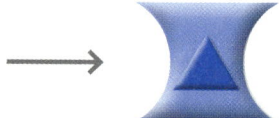

study   studying   studied
공부하다(동사)   공부하는(형용사)   공부되는(형용사)

그런데 앞에서 배운 동명사 studying과 어떻게 다르냐고요? 이것은 바로 다음 Secret에서 배울 거예요. 여기에서는 studying과 studied가 어떻게 다른지 알아봐요.

● 과거분사는 항상 동사-ed 만 붙는 것이 아니에요. 모양이 다르게 바뀌는 경우가 있는데 이 경우를 **불규칙**이라고 표현해요.
예) go(현재) - went(과거) - gone(과거분사)

현재분사: 동사 + ing   ① **능동**(스스로 하는 것) ② **진행**(계속되고 있는 것)의 의미

I know the studying boy. 나는 그 공부하고 있는 소년을 안다.

과거분사: 동사 + ed   ① **수동**(누구에 의해서 당하는 것) ② **완료**(끝난 것)의 의미

The subjects studied in the school are useful. 학교에서 공부되는 과목들은 유용하다.

Point 동사에 ing나 ed를 붙여서 형용사를 만들 수 있으며 이것을 분사라고 불러요.

[1단계] 다음 밑줄 친 부분을 채우세요.

1. 동사에 ing나 ed를 붙여서 _____ 를 만들 수 있으며, 이것을 _____ 라고 불러요.
2. 동사 + ing - ① _____, ② _____ 의 의미를 가지고 _____ 라고 해요.
3. 동사 + ed - ① _____, ② _____ 의 의미를 가지고 _____ 라고 해요.
4. 과거분사 중 ed로 끝나지 않는 것은 _____ 이라고 표현해요.

[2단계] 다음 중 분사에)(표시하고, 그 밑에 현재분사인지 과거분사인지를 써보세요.

5. I know the sleeping girl.
   _____

6. The book written by James is excellent.
   _____

   6 write-wrote-written
   쓰다

7. The man talking to his friends is rich.
   _____

8. This is a boring book.
   _____

   8 boring 지루한

9. I was bored to hear the story.
   _____

10. The man living in London is my cousin.
    _____

[3단계] 다음 우리말을 영어로 바꿔 보세요.

11. 메리라고 불리는 그 소녀는 매우 친절하다.
    _____

12. 그 불타는 집은 매우 위험했다. (burn)
    _____

SECRET 27 동명사와 현재분사 구분하기

동명사와 현재분사는 둘 다 동사 + ing인데 어떻게 구분해요?

 VS
동명사   현재분사

대답 ▶ 문장 내에서 명사 역할을 하면 동명사이고 형용사 역할을 하면 현재분사예요.

speak 말하다(동사) → speaking 말하는 것 (동명사)
　　　　　　　　　→ speaking 말하는 (현재분사)

● 동사에 ing가 붙으면 더 이상 동사가 아니라는 거, 꼭 잊지 마세요!!

동명사가 명사 역할을 한다는 것은 **주어, 목적어, 보어**로 쓰인다는 거예요.
우리말로는 '~하는 것'이라고 되고요.

　동명사(주어): **Learning** English is fun. 영어를 배우는 것은 재미있다.
　동명사(목적어): I like **learning** English. 나는 영어를 배우는 것을 좋아한다.

현재분사가 형용사 역할을 한다는 것은 **명사를 꾸며주거나 설명**해 주는 거예요.
우리말로는 끝에 '~ㄴ'이 들어간다는 거 기억하죠?

　현재분사(명사 man 꾸며줌): That **sleeping** man is my brother. 저 잠자는 남자는 내 형이야.

Point 동사에 ing가 붙으면 명사 역할을 하는 동명사가 되거나 형용사 역할을 하는 현재분사가 돼요.

[1단계] 다음 밑줄 친 부분을 채우세요.

1	동사에 ing가 붙으면 _____가 되거나 _____가 돼요.
2	명사 역할을 하면 _____이고, 형용사 역할을 하면 _____예요.
3	명사 역할을 한다는 것은 _____, _____, _____로 쓰인다는 거예요.
4	형용사 역할을 한다는 것은 _____를 꾸며주거나 설명해 주는 거예요.

[2단계] 다음 중 동사 + ing가 동명사인지 현재분사인지 쓰고, 문장을 해석하세요.

5 My hobby is playing the guitar.

    5 **guitar** 기타

6 I like swimming.

7 Look at the singing bird.

8 Drawing is my hobby.

    8 **drawing** 그림 그리는 것

9 Mother loves her sleeping baby.

10 I love making food.

[3단계] 다음 우리말을 영어로 바꿔 보세요.

11 그는 노래하고 춤추는 것을 좋아한다.

12 잠자고 있는 아기가 매우 귀엽다.

SECRET 28 분사와 명사

분사는 항상 명사 앞에 써야 되나요?

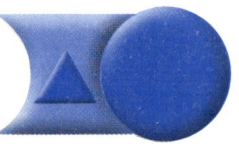 ,

대답 ▶ 보통 분사는 **명사 앞에** 쓰고요. **꼬리가 붙으면 명사 뒤에** 써요.
꼬리가 있으면 분사와 명사 사이에 들어갈 수가 없거든요. 근데 꼬리가 뭐냐고요?
분사에 연결된 말인데요. 보통 **전치사 + 명사**로 구성된 수식어가 많아요.

The **swimming girl** is my cousin. 수영하고 있는 소녀는 내 사촌이다.

The **girl swimming** in the pool is my cousin. 수영장에서 수영하고 있는 소녀는 내
　　　　　　　　　전치사 + 명사　　　　　　　　　　　　사촌이다.

The **surprised man** shouted. 놀란 남자는 소리를 질렀다.

The **man surprised** by the accident shouted.
　　　　　　　　전치사 + 명사
사고로 놀란 남자는 소리를 질렀다.

● 대개 surprised처럼 감정을 나타내는 말이 **사람**과 함께 쓰일 때는 **과거분사**를 쓰고, **사물**과 함께 쓰일 때는 **현재분사**로 써요. ex) surprised girl, surprising news

Point 분사는 꼬리가 없으면 앞에서 꾸며주고, 꼬리가 있으면 뒤에서 꾸며줘요.

EXERCISE ㉘

[1단계] 다음 밑줄 친 부분을 채우세요.

1	분사는 꼬리가 없으면 _____에서 꾸며주고 꼬리가 있으면 _____에서 꾸며줘요.
2	꼬리 수식어는 보통 _____ + _____ 인 경우가 많아요.
3	대개 감정을 나타내는 말이 사람과 함께 쓰이면 _____를 써요.
4	대개 감정을 나타내는 말이 사물과 함께 쓰이면 _____를 써요.

[2단계] 다음 중 분사에는 ⟩⟨표시한 후 분사의 종류를 쓰고, 꾸밈을 받는 명사에는 ○ 표시하세요.

5 The surprised man didn't say anything.
   _____

6 The bread baked in the oven is delicious.   6 baked 구운
   _____

7 The teacher surrounded by students is James.
   _____

8 That is shocking news.
   _____

9 The pen made in Korea is excellent.   9 excellent 뛰어난
   _____

10 She likes the baby sleeping in the bed.
   _____

[3단계] 다음 우리말을 영어로 바꿔 보세요.

11 나는 내 방에서 공부하고 있는 소년을 안다.
   _____

12 그 놀란 남자는 눈을 감았다.
   _____

83

SECRET 29 동사에 to 붙여서 형용사 만들기

동사를 형용사로 만드는 방법이 또 있어요?

to + ▲ → ◁▲▷

대답 ▶ 네. 동사 앞에 to를 붙이면 동사에서 형용사로도 변신해요.

 →
live → to live
살다 (동사)   사는/ 살 (형용사)

to **부정사**의 변신 두번째! 바로 **형용사**예요. 흔히 **형용사적 용법**이라고 불러요. 그럼 명사로 변했는지, 형용사로 변했는지 어떻게 아냐고요? 형용사로 변한 경우는 반드시 앞에 명사가 있어요.

명사적 용법: I <u>like to live</u> in Canada. 나는 캐나다에서 살고 싶다(사는 것을 좋아한다).
동사 – to live가 동사의 목적어임

형용사적 용법: I have no <u>house to live</u> in. 나는 살 집이 없다.
명사 – to live 가 명사인 house를 꾸며줌

● to + 동사에서 동사가 **자동사**일 때 **전치사**를 써야 해요. ex) I need a chair to sit on. 나는 앉을 의자가 필요하다.

Point 명사 + to 부정사는 바로 앞 명사를 꾸며주는 형용사적 용법이 돼요.

EXERCISE 29

[1단계] 다음 밑줄 친 부분을 채우세요.

1 to + 동사는 명사에 이어서 _____ 로도 변신해요.

2 to 부정사는 형용사로 변한 경우는 반드시 바로 앞에 _____ 가 있어요.

3 to + 동사가 형용사로 변신하면 to 부정사의 _____ 이라고 불러요.

4 to + 동사에서 동사가 자동사일 때 _____ 를 써야 해요.

[2단계] 다음 중 to 부정사에 ⟩(표시하고, 명사 + to 부정사 부분을 해석해 보세요.

5 There is no program to watch on TV.

6 I need something to eat.

7 I have homework to do.

8 I have a pen to write with.

9 He has many friends to help him.

10 I have no family to look after me.

10 look after 돌보다

[3단계] 다음 우리말을 영어로 바꿔 보세요.

11 나는 나를 도와줄 선생님이 필요하다.

12 나는 함께 놀 친구가 많다. (play with)

SECRET 30 be + to 부정사

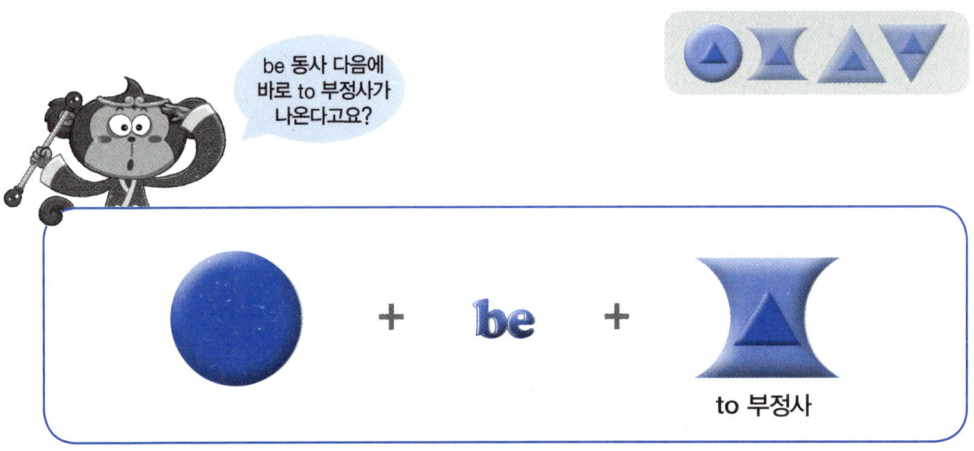

대답 ▶ 네. to 부정사가 **형용사 보어**가 되는 경우에요. 앞에 있는 **명사를 설명**해 주죠. 흔히 **be to 용법**이라고 불러요. 아래처럼 5가지의 뜻으로 쓰인다는 것을 기억해야 해요.

1. 할거야.   He **is to visit** his uncle's tomorrow. 그는 내일 삼촌집에 **방문할거야**.
   (해석의 단서: tomorrow)

2. 해야 돼.   You **are to follow** the rule. 너는 규칙을 **따라야 해**. (해석의 단서: follow)

3. 하려면,   If you **are to catch** the bus, you have to get up early.
   만약 버스를 **잡으려면**, 너는 일찍 일어나야 해. (해석의 단서: If)

4. 할 수 있어.   Nothing **was to be seen** in the dark. 어둠 속에서 아무것도 **보여질 수 없었다**.
   (해석의 단서: nothing)

5. 운명이야.   He **was to die** in the war.
   그는 전쟁에서 **죽을** 운명이었다. (해석의 단서: die)

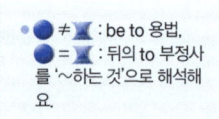

Point   be + to 용법은 5가지의 뜻을 가지고 있어요.

 **EXERCISE 30**

[1단계] 다음 밑줄 친 부분을 채우세요.

1 be to 용법은 _____개의 뜻을 가지고 있어요.
2 5개의 뜻은 _____, _____, _____, _____, _____.
3 ● (주어) _____ ⏳ (to 부정사): be to 용법
4 ● (주어) _____ ⏳ (to 부정사): '~하는 것'으로 해석

[2단계] 다음 중 be to 부정사에 밑줄을 긋고, 문장을 해석해 보세요.

5 I am to meet my friend at 2.

6 You are to stand in line.

7 If she is to succeed, she must work hard.

8 The patient is to die.   8 patient 환자

9 The game is to start next week.

10 Nobody was to be seen in the park.

[3단계] 다음 우리말을 영어로 바꿔 보세요. (be to 용법 사용)

11 그는 3시에 여기를 떠날거야.

12 너는 3시까지 나를 기다려야 한다.

REVIEW 5

1 다음 그래머 맵 빈칸에 알맞은 내용을 채우세요.

동사가 명사로 변신하기	동사가 형용사로 변신하기
도형을 그려보세요.	도형을 그려보세요.
1. **동명사**는 동사가 _____ 로 변신한 것이고 동사에 _____ 를 붙여요.	1. 동사에 **ing**나 **ed**를 붙여서 _____ 를 만들 수 있으며 이것을 _____ 라고 불러요.
2. **주어** 역할을 하는 저울 왼쪽에 동명사 + _____ 가 나올 수 있어요.	2. 동사에 **ing**가 붙으면 **명사** 역할을 하는 _____ 가 되거나 형용사 역할을 하는 _____ 가 돼요.
3. **목적어**나 **보어** 역할을 하는 저울 오른쪽에 동명사 + _____ 가 나올 수 있어요.	3. **분사**는 꼬리가 없으면 _____ 에서 꾸며주고, 꼬리가 있으면 _____ 에서 꾸며줘요.
4. **to 부정사**는 _____ 로 변신할 수 있어요.	4. **명사 + to 부정사**는 바로 앞 명사를 꾸며주는 _____ 이 돼요.
5. _____ 에 따라서 _____ 에 동명사가 올지 to 부정사가 올지 결정돼요.	5. **be to 용법**은 _____ 가지의 뜻을 가지고 있어요.

88

PART 3에서는 동사가 명사와 형용사로 변신한 손오공 라인을 배웠어요.
배운 내용을 잘 기억하면서 복습해 봅시다.

2 다음 문장에서 보기에 있는 말을 골라 괄호 안에 넣고, 해석하세요. (중복 가능)

[보기]
동명사   to 부정사 명사적 용법   to 부정사 형용사적 용법   현재분사
과거분사 be to 용법

1. There is no chair to sit on. (   )

2. I enjoy swimming in the pool. (   )

3. Studying English is always fun. (   )

4. I want to go to school. (   )

5. Look at the sleeping baby. (   )

6. She is to arrive here soon. (   )

7. There is a broken window. (   )

8. He was to die in the accident. (   )

REVIEW 6 GRAMMAR FOR WRITING

1 Choose the right word to fill each blank.

1. has / to / she / homework / do

2. sleeping / loves / he / baby / his

3. the book / by / him / written / good / is

4. an actor / is / my dream / becoming

이제 배운 내용을 잘 활용해서 영작문을 해 보세요.
문장을 정확하게 쓰는 연습을 해봅시다.

2 Write each sentence correctly.

1. She is to follows the rules.

2. I have no house to live.

3. The baking bread in the oven is good.

4. This is a bored book.

5. I planned being a scientist.

6. I need a chair to sit.

7. She enjoyed to climb the mountain.

8. He promised going back early.

3 Translate Korean into English.

1. 마실 물이 없다.

2. 나는 지금 그 시계를 사기를 원한다.

PART 4 손오공 라인 동사와 부사

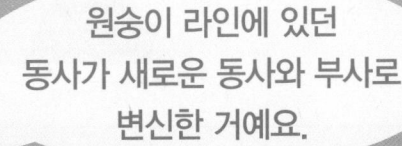

원숭이 라인에 있던 동사가 새로운 동사와 부사로 변신한 거예요.

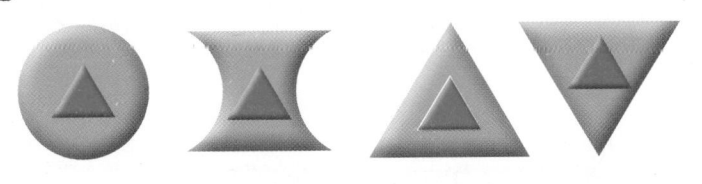

SECRET 31 조동사

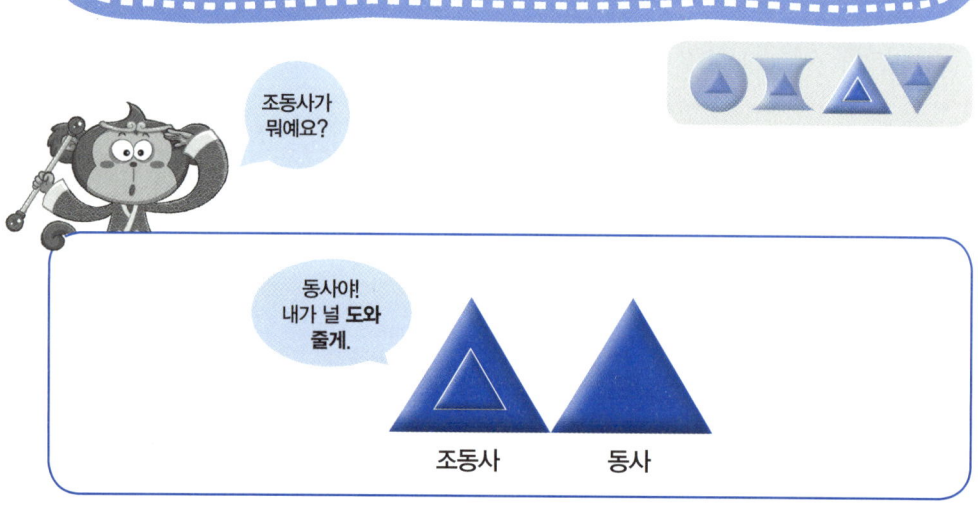

대답 ▶ 조동사는 동사 앞에서 동사를 도와줘요.

뭘 도와주냐고요? 동사에 **새로운 뜻**을 더해주는 거예요.
예를 들어, '가다'는 동사이고 '갈 수 있다'는 동사랑 조동사랑 합쳐진 말이예요.

그럼 조동사에는 어떤 것들이 있을까요? **can, may, will, must, should** 같은 것들이에요.
각 조동사의 자세한 뜻은 다음 Secret에서 배우기로 하고 여기서는 모두에게 적용되는 공통 규칙을 배웁시다. **조동사 다음**에는 반드시 **동사의 원형**이 나옵니다.

조동사 + 동사원형: can study (O)
　　　　　　　　　 can studies, studied, studying (×)

● 조동사는 문장에서 단독으로 쓰이지 않고 **동사원형**과 같이 쓰여요.

조동사가 있는 문장을 의문문 및 부정문으로 만드는 방법을 알아봐요.

* He will go there.

　의문문: **Will** he go there?　조동사를 **주어 앞**으로 보내줘요.
　부정문: He **will not** go there.　조동사 뒤에 **not**을 붙여줘요.

Point 조동사는 동사를 앞에서 도와주는 말로서 조동사 다음에는 동사의 원형이 와요.

EXERCISE 31

[1단계] 다음 밑줄 친 부분을 채우세요.

1. 조동사는 동사를 _____ 에서 도와주는 말로서 _____ 을 더해줘요.
2. 조동사 + _____
3. 조동사가 있는 문장에서 **의문문**을 만들려면 조동사를 _____ 으로 보내줘요.
4. 조동사가 있는 문장에서 **부정문**을 만들려면 조동사 _____ 을 붙여줘요.

[2단계] 다음 중 조동사에 △표시하고, 틀린 부분은 고쳐서 써보세요.

5. She can finishes the work.

6. We should changed our plan.

7. Tom will going to school.

8. Can he plays the piano?

9. She must go not.

10. Do I can use this pen now?

[3단계] 다음 우리말을 영어로 바꿔보세요.

11. 나는 영어를 말할 수 있다. (can 사용)

12. 너는 거기에 갈거니? (will 사용)

SECRET 32 조동사 can

can은 무슨 뜻이에요?

동사야, 넌 할 수 있어!

조동사 can   동사

대답 ▶ 조동사 can은 기본적으로 '할 수 있다'라는 뜻이에요.

can(할 수 있다)　**swim**(수영하다) → 수영할 수 있다
조동사　　　　　　동사

cannot(할 수 없다)　**swim**(수영하다) → 수영할 수 없다
조동사　　　　　　　동사

이때 can은 **be able to**(~할 수 있다)와 같은 뜻이고, cannot은 **be unable to**(~할 수 없다)와 같아요.

can의 다른 뜻은 '~해도 좋다'예요.
It is too late. You can go. 너무 늦었네. 가도 좋아.

- cannot은 줄여서 can't로 자주 쓰여요.
- can의 과거형은 could예요.

cannot의 다른 뜻은 '~일리가 없다'예요.
She cannot be Susan. She is in the hospital. 그녀가 수잔일리가 없어. 그녀는 병원에 있거든.

Point can은 기본적으로 '할 수 있다'라는 뜻이고, be able to와 같아요.

EXERCISE 32

[1단계] 다음 밑줄 친 부분을 채우세요.

1. can의 기본 뜻은 '_____'이고 _____와 같아요.
2. cannot의 기본 뜻은 '_____'이고 _____와 같아요.
3. can의 다른 뜻은 '_____'예요.
4. cannot의 다른 뜻은 '_____'예요.

[2단계] 다음 중 조동사에 △ 표시하고, 전체를 해석해 보세요.

5. He can finish the work.
   _____

6. She cannot speak Chinese.
   _____

7. It cannot be true.   7 **true** 사실의
   _____

8. The man could find the answer.
   _____

9. You can go out.
   _____

10. Can you fix the car?
    _____

[3단계] 다음 우리말을 영어로 바꿔 보세요.

11. 그는 부자일리가 없다.
    _____

12. 그는 영어를 말할 수 있다. (be able to 사용)
    _____

SECRET 33 조동사 may

대답 ▶ 조동사 may는 기본적으로 '~할지도 모른다'라는 뜻이에요.

may(~할지도 모른다)　　come(오다)　→　올지도 모른다
　조동사　　　　　　　　동사

may not(~하지 않을지도 모른다)　come(오다)　→　오지 않을지도 모른다
　조동사　　　　　　　　　　　　　동사

may의 다른 뜻은 '~해도 좋다'예요.

If you are tired, you may go home. 너무 피곤하다면, 집에 가도 좋아.

may not의 다른 뜻은 '~하면 안된다'예요.
You may not use my pen. 너는 내펜을 쓰면 안된다.

- may not은 줄여서 쓰지 않아요.
- may의 과거형은 might 예요.

Point may는 기본적으로 '~할지도 모른다'라는 뜻이고, '~해도 좋다'라는 뜻도 있어요.

EXERCISE 33

[1단계] 다음 밑줄 친 부분을 채우세요.

1. may의 기본 뜻은 '_____' 예요.
2. may not의 기본 뜻은 '_____' 예요.
3. may의 다른 뜻은 '_____' 예요.
4. may not의 다른 뜻은 '_____' 예요.

[2단계] 다음 중 조동사에 △표시하고, 전체를 해석해 보세요.

5. The man may be our teacher.
   _____

6. You may play a game if you finish your homework.
   _____

7. You may not use my eraser.
   _____

7 **eraser** 지우개

8. She may not be good at cooking.
   _____

8 **be good at ~**
~을 잘하다

9. May I use your phone?
   _____

10. He may be a bright man, but he is very selfish.
    _____

10 **selfish** 이기적인

[3단계] 다음 우리말을 영어로 바꿔 보세요.

11. 그는 돌아오지 않을지 모른다.
    _____

12. 너는 여기서 자도 좋다.
    _____

SECRET 34 조동사 must

조동사가 뭐예요?

동사야, 넌 반드시 해야 돼.

조동사 must   동사

대답 ▶ 조동사 must는 기본적으로 '(반드시) ~해야 한다'라는 뜻이에요.

must(~해야 한다)　**fight**(싸우다) → 싸워야 한다
　조동사　　　　　　동사

must not(~해서는 안된다)　**fight**(싸우다) → 싸워서는 안된다
　조동사　　　　　　　　　　　동사

must가 '~해야 한다'의 의미일 때 비슷한 말로는 **have to, should, ought to**가 있어요. 그런데 이중에 가장 강한 말이 must 예요. '(반드시) ~해야 한다'라고 해석되거든요. 그런데 '~해야 한다'의 반대말은 '~해서는 안된다(must not)'도 되지만 '~할 필요가 없다'가 될 수도 있지요? 그런데, '~할 필요가 없다'는 **do not have to**를 써요.

must의 다른 뜻은 '~임에 틀림없다'예요.
He must be a liar. 그는 거짓말쟁이임에 틀림없다.

- must의 과거형은 원래 없어요. 주의하세요. musted가 아니에요.
- 대신에 had to(~해야 했다)로 쓸 수 있어요.

Point　must는 기본적으로 '~해야 한다'의 뜻이고 '~임에 틀림없다'라는 뜻도 있어요.

 **EXERCISE 34**

[1단계] 다음 밑줄 친 부분을 채우세요.

1 must의 기본 뜻은 '_____'예요.
2 must가 '해야 한다'일 때 반대말은 '_____'이에요.
3 must(해야 한다) = _____ = _____ = _____
4 must의 다른 뜻은 '_____'예요.

[2단계] 다음 중 조동사에 △ 표시하고, 전체를 해석해 보세요.

5 You must finish the report by 5.
_____

6 You must not stay in here.
_____

7 He must be honest.
_____

8 We must be careful.
_____

9 You have to fight against the problem.
_____

10 We should learn English.
_____

5 report 보고서

7 honest 정직한

8 careful 조심하는

9 against~ 대항해서

[3단계] 다음 우리말을 영어로 바꿔보세요.

11 나는 어제 숙제를 끝내야 했다. (과거에 주의)
_____

12 너는 그를 만날 필요가 없다.
_____

SECRET 35 조동사 will

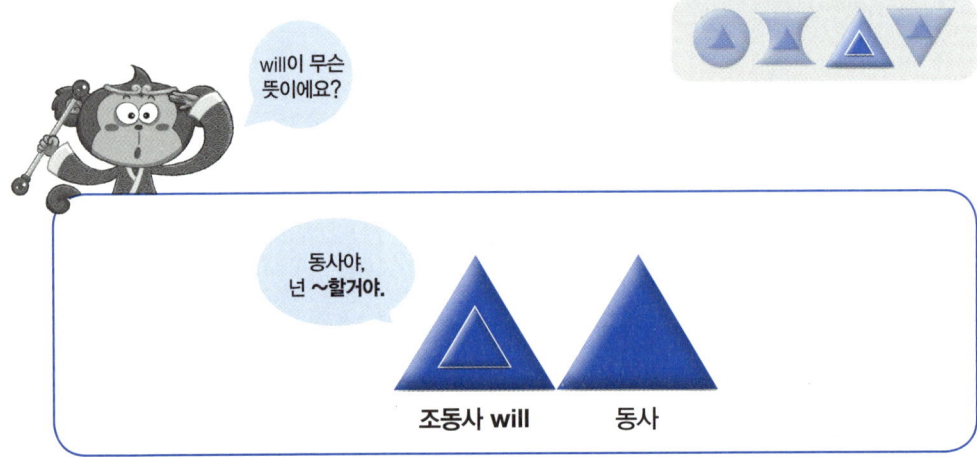

대답 ▶ 조동사 will은 기본적으로 '~할 것이다'라는 뜻이에요.

will(~할 것이다)　　study(공부하다) → 공부할 것이다
　조동사　　　　　　　동사

will not(~하지 않을 것이다)　　study(공부하다) → 공부하지 않을 것이다
　　조동사　　　　　　　　　　　동사

will은 '미래'의 의미도 담고 있지만, 자신의 '의지'를 표현하는 말이기도 해요.

- 미래: It will be cold tomorrow. 내일은 추울 것이다.
- 의지: I will catch the thief. 나는 그 도둑을 잡을거야.

● 주어 + will은 줄여서 주어'll 이 되고 will not은 줄여서 won't예요.
● will의 과거형은 would예요.

will과 비슷한 표현으로 be going to(~할 예정이다)가 있어요.

Point will은 기본적으로 '~할 것이다'라는 뜻이고, 비슷한 표현으로 be going to가 있어요.

 **EXERCISE ㉟**

[1단계] 다음 밑줄 친 부분을 채우세요.

1. will의 기본 뜻은 '_____'예요.
2. will은 _____의 의미도 있고, _____를 표현하기도 해요.
3. will과 비슷한 표현으로는 _____가 있어요.
4. 주어 + will은 줄여서 주어에 _____을 붙이고, will not의 줄임말은 _____예요.

[2단계] 다음 중 조동사에 △표시하고, 전체를 해석해 보세요.

5. Many people will visit the house.
   _____

6. He won't do that.
   _____

7. It will be very hot next summer.
   _____

8. I'll take a trip to Japan.
   _____

9. He will not attend the meeting tomorrow.
   _____

10. Water will be our serious problem.
    _____

8 take a trip 여행하다

9 attend 참가하다

10 serious 심각한

[3단계] 다음 우리말을 영어로 바꿔보세요.

11. 나는 다시는 일본에 안 갈 것이다.
    _____

12. 나는 미국에 방문할 예정이다.
    _____

SECRET 36 동사에 to 붙여서 부사 만들기

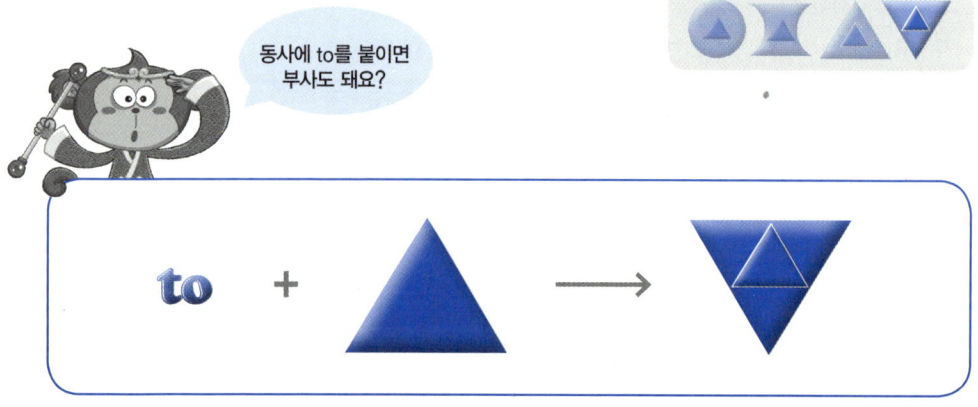

동사에 to를 붙이면 부사도 돼요?

대답 ▶ 네. 동사 앞에 to를 붙이면 동사에서 부사로도 변신해요.

앞에서 알아본 것처럼 동사 앞에 to를 붙이면 **명사**(Secret 24)도 되고, **형용사**(Secret 29)도 되고, 그리고 마지막으로 **부사**도 된답니다. 부사는 명사 빼고 나머지 모두 꾸며주는 말인거 기억하시죠?

    eat → to eat
   먹다(동사)   '먹기 위해서, 먹기에' 등 여러개로 해석(부사)

* He went to Canada to study Englsih. 그는 영어를 공부하기 위해 캐나다에 갔다.
  to study(공부하기 위해서)가 went(갔다: 동사)를 꾸며줌

* The pen is very good to use. 그 펜은 쓰기에 매우 좋다.
  to use(사용하기에)가 good(좋은: 형용사)를 꾸며줌

● to 부정사는 '~하기 위해서'(원인)로 해석될 때가 가장 많아요.

to 부정사가 부사로 쓰이는 경우를 흔히 **부사적 용법**이라고 불러요.
부사적 용법을 자세히 따져보면 여러 의미가 있어요. 다음 Secret에서 연습해볼 거예요.

Point to 부정사는 부사로 변신할 수 있어요.

EXERCISE 36

[1단계] 다음 밑줄 친 부분을 채우세요.

1 to 부정사는 _____로 변신할 수 있어요.

2 to + 동사가 부사로 변신하면 to 부정사의 _____이라고 불러요.

3 부사로 쓰인다는 말은 명사가 아닌 _____, _____, _____를 꾸며준다는 말이에요.

4 여러가지 의미 중에서 '_____'로 해석될 때가 제일 많아요.

[2단계] 다음 중 to 부정사에 ▽ 표시하고, 무엇을 꾸며주는지 화살표로 표시해 보세요.

5 I came here to meet my cousin.
_____

5 cousin 사촌

6 It is very easy to use.
_____

7 The girl laughed to see his cat.
_____

8 The rule is hard to follow.
_____

8 hard 어려운,열심히
follow 따르다

9 The man came to the restaurant to have dinner.
_____

10 He must be honest to say so.
_____

[3단계] 다음 우리말을 영어로 바꿔보세요.

11 나는 의사가 되기 위해서 공부를 열심히 한다.
_____

12 그 규칙은 따르기 쉽지 않다.
_____

SECRET 37 to 부정사의 동사 꾸미기

대답 ▶ to 부정사가 동사를 꾸며주면 대개 '~하기 위해서'라고 해석돼요.

I study hard to pass the exam. 나는 시험에 통과하기 위해서 열심히 공부한다.

He took a taxi to arrive there early. 그는 거기에 일찍 도착하기 위해서 택시를 탔다.

to 부정사가 문장 맨 앞에 나올 때도 많아요. 이때는 주어 바로 앞에 콤마를 찍어줘요.

To arrive there early, he took a taxi.

'~하기 위해서'라는 의미를 강조하기 위해서 to 대신 **in order to** 나 **so as to**를 쓴답니다.

= He took a taxi **in order to** arrive there early.
= He took a taxi **so as to** arrive there early.

● 해석은 매번 외우지 말고 문장에서 자연스럽게 터득하는게 좋아요.

사람의 감정을 나타내는 동사 뒤에 오면 '~해서'(감정의 원인)로 해석돼요.

They laughed to hear the funny voice. 그들은 그 재미있는 목소리를 듣고서 웃었다.

Point to 부정사가 동사를 꾸며 주면 대개 '~하기 위해서'로 해석해요.

 **EXERCISE 37**

[1단계] 다음 밑줄 친 부분을 채우세요.

1	to 부정사가 동사를 꾸며주면 대개 '_____'로 해석해요.	
2	to 부정사가 문장 맨 앞에 나올 때는 주어 앞에 _____를 찍어줘요.	
3	~하기 위해서 = to = _____ = _____	
4	사람의 감정을 나타내는 동사 뒤에 오면 '_____'로 해석돼요.	

[2단계] 다음 중 to 부정사에 ▽ 표시하고, 전체를 해석해 보세요.

5 I went to the shop to buy the watch.
   _____

6 Our team studied hard to finish the final test.
   _____

    6 **final test** 기말고사

7 She cried out to find her missing baby.
   _____

    7 **missing baby** 잃어버린 아이

8 To save money, I did a part time job.
   _____

    8 **save** 모으다
      part time job 시간제 일

9 I wept to see the sight.
   _____

    9 **wept** 울었다(weep 과거)
      sight 광경

10 Be careful not to catch a cold.
   _____

    10 **catch a cold** 감기에 걸리다

[3단계] 다음 우리말을 영어로 바꿔보세요.

11 나는 내 친구를 만나러 공원에 갔다.
   _____

12 그녀는 가방을 사기 위해 상점에 갔다. (in order to 사용)
   _____

SECRET 38 to 부정사의 형용사 꾸미기

to 부정사가 형용사를 꾸며주면 무슨 뜻이 돼요?

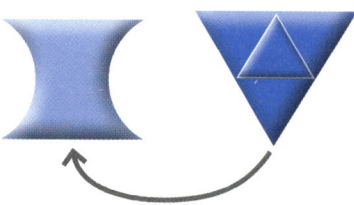

대답 ▶ to 부정사가 형용사를 꾸며 주면 대개 '~하기에'라고 해석해요.

English is easy to study. 영어는 공부하기에 쉽다.

This water is not good to drink. 이 물은 마시기에 좋지 않다.

사람의 감정을 나타내는 형용사 뒤에 to 부정사가 올 때는 '~해서'(감정의 원인)라고 해석돼요.

I am happy to see you again. 다시 너를 보게 되어서 행복하다.

I am sorry to hear the news. 그 소식을 듣게 되어서 유감이다.

● 감정을 나타내는 말이 동사이든 형용사이든 관계없이 '~해서'라고 해석돼요.

어떤 판단을 내리는 경우는 '~하는 것을 보니'라고 해석해요.

He must be honest to say so. 그는 그렇게 말하는걸 보니 정직함에 틀림없다.

Point to 부정사가 형용사를 꾸며주면 대개 '~하기에'로 해석해요.

EXERCISE 38

[1단계] 다음 밑줄 친 부분을 채우세요.

1. to 부정사가 형용사를 꾸며주면 대개 '_____'로 해석해요.
2. 감정을 나타내는 형용사 뒤에서는 '_____'라고 해석해요.
3. 감정을 나타내는 말이 형용사이든 동사이든 관계없이 '_____'라고 해석해요.
4. 어떤 판단을 내리는 경우는 '_____'라고 해석해요.

[2단계] 다음 중 to 부정사에 ▽표시하고, 전체를 해석해 보세요.

5. I am glad to see you.

6. The phone is easy to use.

7. This policy is hard to follow.

7. policy 정책

8. She is foolish to trust him.

8. foolish 어리석은
trust 믿다

9. I am tired to do the work.

10. His words are difficult to understand.

10. word 말

[3단계] 다음 우리말을 영어로 바꿔보세요.

11. 너의 이야기는 이해하기에 쉽다.

12. 너를 다시 만나서 행복하다.

SECRET 39 to 부정사의 부사 꾸미기

to 부정사가 부사를 꾸며주면 무슨 뜻이 돼요?

대답 ▶ to 부정사가 부사를 꾸며 주면 대개 '~해서(~했지만) ~하다'라고 해석돼요.

앞의 부사는 원인이고, to 부정사는 결과로 해석하는 것이지요.

He is rich enough to buy an expensive car. 그는 비싼 차를 살만큼 충분히 부유하다.

　　부사 enough → 그는 충분히 부유해서 그 비싼 차를 살 수 있다.

= He is so rich that he can buy an expensive car. (enough to = so ~ that ~ can)

　원인　결과
She did her best, only to fail in the exam. 그녀는 최선을 다했지만, 결국 시험에서 실패했다.

He went to America, never to return. 그는 미국에 가서 결코 돌아오지 못했다.

참고로, 꼭 부사를 꾸며주지 않아도 **원인**과 **결과**로 해석되는 경우가 있어요.

He grew up to become a doctor. 그는 자라서 의사가 되었다.

He awoke to find himself famous. 그는 깨어나서 보니 자신이 유명해진 것을 알았다.

Point to 부정사가 부사를 꾸며주면 대개 원인과 결과의 의미로 해석해요.

[1단계] 다음 밑줄 친 부분을 채우세요.

1 to 부정사가 부사를 꾸며주면 대개 '_____'로 해석해요.
2 앞의 부사는 _____ 이고, to 부정사는 _____ 로 해석하는 것이지요.
3 enough to = _____
4 꼭 부사를 꾸며주지 않아도 _____ 과 _____ 로 해석되는 경우가 있어요.

[2단계] 다음 중 to 부정사에 ▽표시하고, 전체를 해석해 보세요.

5 He is rich enough to go abroad.

6 She grew up to be a nurse.

7 He tried again, only to fail.

7 try 시도하다

8 She awoke to find the house on fire.

8 on fire 불타고 있는

9 He was old enough to be there alone.

9 alone 홀로

10 We parted, never to meet again.

10 part 헤어지다

[3단계] 다음 우리말을 영어로 바꿔보세요.

11 그는 열심히 공부했지만, 결국 시험에서 실패했다.

12 나는 충분히 나이가 들어서 차를 운전할 수 있다.

SECRET 40 to 부정사의 문장 전체 꾸미기

문장 전체를 꾸민다는 말이 무슨 말이에요?

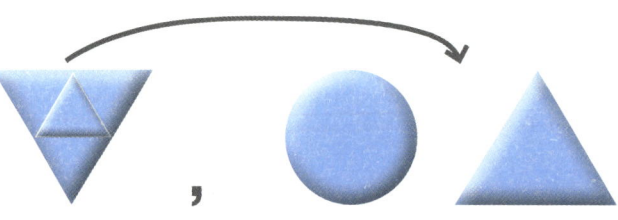

대답 ▶ to 부정사가 따로 분리되어 있고, 뒤에 있는 주어 동사로 된 문장이 나온다는 말이에요.

이것을 독립해서 있다고 해서 독립부정사라고 불러요.

1. to가 처음에 나오는 독립부정사

    To tell the truth, I like you. 진실을 말하면, 난 너를 좋아해.
    ↑ 뒤에 콤마를 찍어요.
    = To be frank with you = To be honest 솔직히

    To make matters worse, my mother was sick. 설상가상으로, 나의 어머니가 아프셨다.
    cf) to be sure 확실히, to begin with 우선

> 독립부정사는 문장의 주로 맨 앞에 나오지만, 중간 혹은 맨 뒤에 나올 수도 있어요.
> ex) The Eiffel Towel is, so to speak, the symbol of Paris. 에펠탑은 말하자면, 파리의 상징이다.

2. to가 중간에 나오는 독립부정사

    Strange to say, he likes you. 이상한 말이지만, 그는 너를 좋아해.

    Needless to say, you should keep the secret. 말할 필요도 없이, 넌 그 비밀을 지켜야 해.
    = not to mention

Point 독립부정사는 따로 분리되어 별도의 뜻을 가지고 있어요.

EXERCISE 40

[1단계]   다음 밑줄 친 부분을 채우세요.

1 _____는 따로 분리되어 별도의 뜻을 가지고 있어요.
2 독립부정사 다음에 주어, 동사로 된 _____이 나와요.
3 독립부정사 다음에는 _____를 찍어요.
4 독립부정사는 문장 _____에 혹은 _____에 나올 수도 있어요.

[2단계]   다음 중 독립부정사에 ▽ 표시하고, 그 부분을 해석해 보세요.

5 To begin with, you should finish your homework.
   _____

6 To make matters worse, his father failed at his business.
   _____

7 To be honest, I don't know her.
   _____

8 Strange to say, that is not true.
   _____

9 The weather is great, not to mention the food.
   _____

10 To tell the truth, it was just a rumor.
   _____

10 **rumor** 소문

[3단계]   다음 우리말을 영어로 바꿔보세요.

11 확실히, 나는 어제 그녀를 만났다.
   _____

12 그 개는 말하자면 나의 최고의 친구이다.
   _____

REVIEW 7

1 다음 그래머 맵 빈칸에 알맞은 내용을 채우세요.

동사가 새로운 동사로 변신하기	동사가 부사로 변신하기
도형을 그려보세요.	도형을 그려보세요.
1. **조동사**는 동사를 앞에서 _____ 말로서 조동사 다음에는 _____ 이 와요.	1. **to 부정사**는 _____ 로 변신할 수 있어요.
2. **can**은 기본적으로 _____ 라는 뜻이고 _____ 와 같아요.	2. to 부정사가 **동사**를 꾸며주면 대개 _____ 로 해석해요.
3. **may**는 기본적으로 _____ 라는 뜻이고 _____ 라는 뜻도 있어요.	3. to 부정사가 **형용사**를 꾸며주면 대개 _____ 로 해석해요.
4. **must**는 기본적으로 _____ 의 뜻이고 _____ 라는 뜻도 있어요.	4. to 부정사가 **부사**를 꾸며주면 대개 _____ 과 _____ 의 의미로 해석해요.
5. **will**은 기본적으로 _____ 라는 뜻이고 비슷한 표현으로 _____ 가 있어요.	5. _____ 는 따로 분리되어 별도의 뜻을 가지고 있어요.

PART 4에서는 동사가 새로운 동사와 부사로 변신한 손오공 라인을 배웠어요.
배운 내용을 잘 기억하면서 복습해 봅시다.

2

다음 문장에서 보기에 있는 말을 골라 괄호 안에 넣고, 해석하세요. (중복 가능)

[보기]
can ~할 수 있다   may ~할지도 모른다   may ~해도 좋다   must ~해야 한다
must ~임에 틀림없다   will ~할 것이다   to 부정사 부사적 용법

1. You <u>must</u> be hungry. (   )

2. I <u>can</u> finish my homework by 6. (   )

3. You <u>may</u> go home if you want. (   )

4. I study English <u>to succeed</u>. (   )

5. She <u>must</u> meet the doctor. (   )

6. I <u>will</u> climb the mountain. (   )

7. The man <u>may</u> be my homeroom teacher. (   )

8. This pen is good <u>to use</u>. (   )

REVIEW 8 GRAMMAR FOR WRITING

1 Choose the right word to fill each blank.

1. must / he / be / honest

2. night / could / I / sleep / not / last /

3. am / speak / able / I / to / English

4. is / good / to / drink / the water

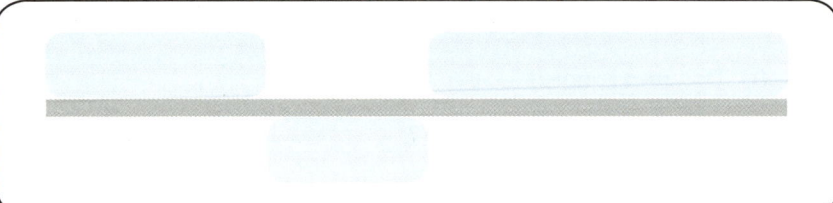

2 Write each sentence correctly.

1. I will can speak Spanish.

2. He must is a liar.

3. She went to the mall to buys her shoes.

4. The woman musts visit her parents today.

5. He be going to meet his mother.

6. My uncle will coming back to his hometown.

7. She may watches TV in her room.

8. He came to my room to saying something.

3 Translate Korean into English.

1. 그는 지금 피곤할지도 모른다.

2. 나는 영어를 공부하기 위해 캐나다에 갔다.

PART 5 킹콩 라인 명사와 형용사

도형들이 합쳐져서 커다란 명사와 형용사로 변신한 거예요.

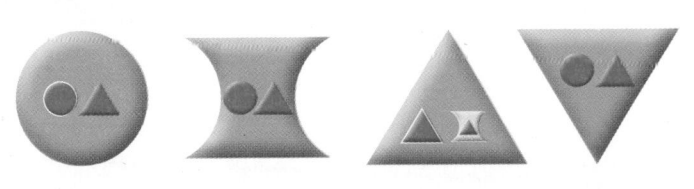

SECRET 41 주어 동사가 합쳐 만든 명사 1

주어와 동사로 명사를 만들 수 있어요?

that + 🔵🔺 = 🔵🔺

대답 ▶ 주어와 동사를 that(접속사)으로 묶어주면 명사가 되는 거예요.

명사가 되면 주어, 목적어, 보어로 쓰일 수가 있어요.

I smiled. 내가 미소지었다   that I smiled 내가 미소지었던 것(명사로 쓰임)
주어 동사   접속사 주어 동사

→ My friend saw that I smiled. 내 친구는 내가 미소짓는 것을 보았다.
  주어   동사 목적어(명사절) → 작은 주어(I smiled)가 큰 목적어가 되는 거예요.

주어 동사가 하나로 묶여져서 쓰이면 **절**이라고 불러요. 주어 동사가 묶여서 명사로 쓰이니까 **명사절**이 되는 거예요.

He is smart. 그가 똑똑하다.   that he is smart 그가 똑똑하다는 것
주어 동사 보어   접속사 주어 동사 보어

→ That he is smart is true. 그가 똑똑하다는 것은 사실이다.
  주어(명사절)   동사 보어

● 접속사란 앞뒤 문장을 연결해준다는 뜻이에요.

위 문장은 문법적으로는 맞지만 잘 쓰이지는 않아요. 영어에서는 주어가 길면 뒤로 보내고 싶어해요. 자세한 점은 Secret 44를 참고하세요.

Point 주어와 동사를 접속사로 묶어줘서 주어, 목적어, 보어로 쓰이면 명사절이 돼요.

EXERCISE 41

[1단계] 다음 밑줄 친 부분을 채우세요.

1. 주어 동사가 하나로 묶여져서 쓰이면 _____ 이라고 불러요.
2. 주어 동사가 묶여서 명사로 쓰이면 _____ 이 되지요.
3. _____ 란 앞뒤를 연결해준다는 뜻이에요.
4. **접속사 + 주어 + 동사**가 주어, 목적어, 보어로 쓰이면 _____ 이 돼요.

[2단계] 다음 중 명사절에 ○ 표시하고, 그 밑에 주어, 목적어, 보어 중에서 하나를 골라쓰세요.

5. Peter said that he is coming.

6. The reason is that I don't know the fact.

   6 reason 이유
      fact 사실

7. I know that he is rich.

8. I believe that she is honest.

9. That he came back is only a rumor.

10. Tom thinks that he can do it.

[3단계] 다음 우리말을 영어로 바꿔보세요.

11. 나는 그가 나의 선생님이라는 것을 알아.

12. 나는 그가 잘생겼다고 생각해.

SECRET 42 주어 동사가 합쳐 만든 명사 II

that 말고 다른 것으로 묶어도 명사가 되나요?

wh~ + ●▲ = ●▲

대답 ▶ 네. 주어와 동사를 주로 **wh**로 시작하는 의문사로 묶어줘도 명사가 되지요.

my birthday is 내 생일이다   **when** my birthday is 내 생일이 언제인지 (명사로 쓰임)
　주어　　　동사　　　　　의문사　　주어　　　동사

→ He doesn't know **when** my birthday is. 그는 내 생일이 언제인지 모른다.
　주어　　동사　　　　목적어(명사절)

what은 원래 '무엇'이라는 뜻이지만 '~한 것'이라고 해석하는 경우가 많아요.

I saw 나는 보았다   **what** I saw 내가 본 것(명사로 쓰임)
주어 동사　　　　의문사 주어 동사

→ **What** I saw surprised me. 내가 본 것은 나를 놀라게 했다.
　주어(명사절)　　동사　　목적어

> ● 의문사는 대개 wh-로 시작하며 who(누가), when(언제), where(어디서), what(무엇을), how(어떻게), why(왜)가 있어요.

how는 원래 '어떻게'라는 뜻이지만 '~하는 방법'이라고 해석하는 게 자연스러워요.

He asked me **how** I got there. 그는 내가 거기에 도착한 방법을 물었다.

Point 주어와 동사를 의문사로 묶어서 주어, 목적어, 보어로 쓰이면 명사절이 돼요.

[1단계] 다음 밑줄 친 부분을 채우세요.

1 what은 원래 '무엇'이라는 뜻이지만 '_____'이라고 해석하는 경우가 많아요.

2 how는 원래 '어떻게'라는 뜻이지만 '_____'이라고 해석하는게 자연스러워요.

3 의문사는 대개 _____로 시작하는 단어예요.

4 의문사 + 주어 + 동사가 주어, 목적어, 보어로 쓰이면 _____이 돼요.

[2단계] 다음 중 명사절에 ○표시하고, 그 밑에 주어, 목적어, 보어 중에서 하나를 골라 쓰세요.

5 I know where she is from.

6 That is what I want.

7 Why he comes here is a secret.

8 Who did it is important.

9 I wonder when he will come back.

9 wonder 궁금하다

10 It is how I win the game.

[3단계] 다음 우리말을 영어로 바꿔보세요.

11 나는 그가 어디에 있는지 안다.

12 그 책은 그녀가 좋아하는 것이다.

SECRET 43 주어 동사가 합쳐 만든 명사 III

여기서 if 하고 whether은 무슨 뜻이죠?

if / whether + ○△ = ○△

대답 ▶ if나 whether은 '~인지 아닌지'라는 뜻이고요, 주어 동사를 묶어서 명사절이 되지요.

he likes pizza. 그가 피자를 좋아한다.   if he likes pizza 그가 피자를 좋아하는지 아닌지
주어 동사   목적어   접속사 주어 동사   목적어

→ I don't know if he likes pizza. 그가 피자를 좋아하는지 아닌지 모르겠다.
  주어   동사   목적어 → 여러 단어가 함께 묶여서 하나의 목적어 역할(명사절)

Tom likes me. 톰은 나를 좋아한다.   whether Tom likes me 톰이 나를 좋아하는지 아닌지
주어 동사 목적어   접속사   주어 동사 목적어

→ I wonder whether Tom likes me. 나는 톰이 나를 좋아하는지 아닌지 궁금하다.
  주어 동사   목적어 → 여러 단어가 함께 묶여서 하나의 목적어 역할(명사절)

단, if ~는 주어로 쓰이지 않아요.

If you succeed or not will be up to you. (X)
Whether you succeed or not will be up to you. (O)
네가 성공하든지 아닌지는 네게 달려 있다.

> if는 '만약 ~라면'이라는 뜻도 있어요. 자세한 점은 Secret 57에서 배워요.

Point if나 whether은 '~인지 아닌지'라는 뜻으로 명사절을 만들어요.

EXERCISE 43

[1단계]   다음 밑줄 친 부분을 채우세요.

1 if (~인지 아닌지) = _____
2 if나 whether은 주어 동사를 묶어서 _____이 되어요.
3 if ~는 _____로 쓰이지 않아요.
4 if는 '_____'이라는 뜻도 있어요.

[2단계]   다음 중 명사절에 ○ 표시하고, 명사절만 해석해 보세요.

5 I don't know whether he will pass the exam.
_____

5 **pass** 통과하다
exam 시험

6 I don't know if he will go with me.
_____

7 I doubt if I can swim in the sea.
_____

7 **doubt** 의심스럽다

8 Whether it is a good plan or not isn't important.
_____

9 I wonder if a bird can hear.
_____

10 I am not sure whether he needs help.
_____

10 **sure** 확실한

[3단계]   다음 우리말을 영어로 바꿔보세요.

11 나는 그녀가 나를 사랑하는지 아닌지 모르겠다.
_____

12 그는 내게 내가 중국 음식을 좋아하는지 아닌지 물었다.
_____

SECRET 44 주어가 너무 무거운 명사절

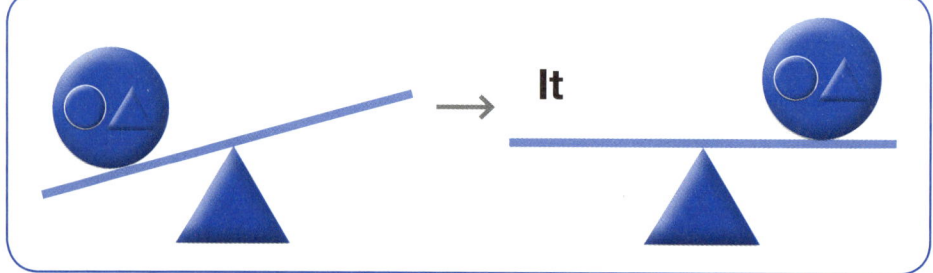

대답 ▶ 주어 부분에 들어가는 명사절이 너무 길어서 무거우면 그 자리에는 가짜 주어 It을 쓰고 진짜 주어는 오른쪽으로 보내는 것이 자연스러워요.

That he is a liar is true.
　　주어　　　동사　보어

주어가 나머지 오른쪽보다 상대적으로 길어요.
따라서 주어 부분 전체를 제일 오른쪽으로 보내고 그 자리에 It을 써줘요.

→ It is true that he is a liar. 그가 거짓말쟁이인 것은 사실이다.
　가짜 주어　　　진짜 주어

앞에 쓰인 It은 가짜 주어니까 **가주어**라고 하고, 뒤에 있는 that 명사절 주어는 진짜 주어니까 **진주어**라고 해요. 한 가지 예를 더 볼까요?

● 가짜 주어 It은 해석하지 않아요. '그것'이라고 해석 하면 안돼요.

That he is late for school is common.
　　　　진주어

→ It is common that he is late for school. 그가 학교에 늦는 것은 흔한 일이다.
　가주어　　　　　진주어

Point 주어가 길어지면 맨 오른쪽으로 보내고 그 자리에 대신 It을 써줘요.

[1단계] 다음 밑줄 친 부분을 채우세요.

1. 주어가 길어지면 맨 _____으로 보내고, 그 자리에 대신 _____을 써줘요.
2. It은 가짜 주어니까 _____라고 해요.
3. that ~은 진짜 주어니까 _____라고 해요.
4. 가짜 주어 It은 _____하지 않아요.

[2단계] 다음 중 명사절에 ○ 표시하고, 가주어 It을 활용한 문장으로 다시 쓰세요.

5. That he left here is strange.
   _____

   5 left 떠났다
   (leave의 과거형)
   strange 이상한

6. That students read many books is good.
   _____

7. That I like the movie is true.
   _____

8. That she is smart is clear.
   _____

   8 clear 분명한, 명확한

9. That you should do homework first is important.
   _____

10. That you break the window is wrong.
    _____

    10 break 깨다

[3단계] 다음 우리말을 영어로 바꿔 보세요.

11. 그가 그 책을 이해할 수 있다는 것은 사실이다. (It~ that 사용)
    _____

12. 네가 학교에 일찍 가야 하는 것은 중요하다. (It~ that 사용)
    _____

SECRET 45 that이 사라진 명사절

that을 빼도 돼요?

that + ○▲ = ○▲

대답 ▶ 네. that 명사절이 목적어가 될 때는 빼도 돼요.

She is pretty. 그녀는 예쁘다. that she is pretty 그녀가 예쁘다는 것 (명사로 쓰임)
주어 동사 보어   접속사 주어 동사 보어

→ I think (that) she is pretty. (O) 나는 그녀가 예쁘다고 생각한다.
　　　주어 동사 목적어(묶여서 목적어 역할) → that 생략할 수 있어요.

하지만, **진주어**(진짜 주어) 역할을 하는 명사절의 that은 생략이 안돼요.

It is true that the earth is round. (O) 지구가 둥글다는 것은 사실이다.
가주어   (진짜) 주어 역할

It is true the earth is round. (X) → that은 생략하면 안돼요.

또한, 명사절에서 **주어**나 **보어** 역할을 할 때는 that이 생략될 수 없어요.

The truth is that the earth is round. 진실은 지구가 둥글다는 것이다.
            접속사   주어   동사 보어 (묶어서 보어 역할)

● 명사절을 만드는 의문사나 **if / whether**은 어느 경우든 생략할 수 없어요.
ex) I don't know **if / whether** he likes pizza. 나는 그가 피자를 좋아하는지 아닌지 모른다.

Point 명사절에서 that 이하가 목적어 역할을 할 때 that을 생략할 수 있어요.

 **EXERCISE 45**

[1단계] 다음 밑줄 친 부분을 채우세요.

1. 명사절에서 _____ 역할을 할 때 that을 생략할 수 있어요.
2. 명사절에서 _____ 나 _____ 역할을 할 때 that을 생략할 수 없어요.
3. 명사절을 만드는 _____ 는 어느 경우든 생략할 수 없어요.
4. 명사절을 만드는 _____, _____ 은 어느 경우든 생략할 수 없어요.

[2단계] 다음 중 명사절이 시작되는 자리에 ∨하고 that을 써넣으세요.

5. I think most people are kind.

6. I hope you will have a good time.

7. Don't imagine it is hard.

7. **imagine** 상상하다
   hard 어려운

8. The man knew he made a mistake.

8. **make a mistake** 실수하다

9. We've found you are a liar.

9. **found** (find의 과거)
   알게 되었다, 찾게 되었다

10. James said his students are coming.

[3단계] 다음 우리말을 영어로 바꿔보세요.

11. 나는 그가 옳다고 믿는다. (that 생략)

12. 그는 그 시험에 통과할 것이라고 생각한다. (that 생략)

SECRET 46 주어 동사가 합쳐 만든 형용사

주어와 동사로 형용사를 만들 수 있어요?

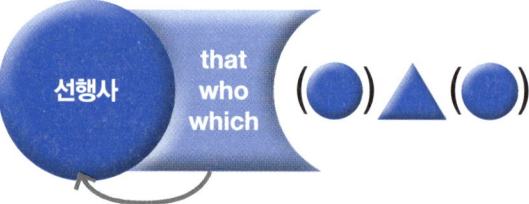

대답 ▶ 주어와 동사가 **관계대명사**(that, who, which)와 함께 명사를 꾸며주는 **형용사절**이 돼요.

the book (그냥) 책   the book that I bought 내가 산 책

● 관계대명사의 종류는 Secret 47, 48에서 자세히 배울 거예요. 관계대명사 앞에 있는 명사를 **선행사**라고 해요. 관계대명사보다 먼저 있다는 말이에요.

아래의 표를 이해한 뒤에 반드시 암기하세요.

명사 + 관계대명사 + (주어) + 동사 + (목적어)

1. 관계대명사가 (주어) + 동사 + (목적어)를 묶어서 **명사**를 꾸며줘요.

2. (주어), (목적어)에 괄호가 있는 것은 주어나 목적어 중에 하나가 **관계대명사**로 날아 들어간다는 뜻이에요.

3. 그래서 관계대명사 안에는 주어나 목적어가 들어 있어요. 원래 '관계'라는 말은 **명사**와 (주어) + 동사 + (목적어)를 **연결(접속)**해준다는 말이고요. '대명사'는 **명사**(주어나 목적어)가 들어 있다는 말이에요.

the man 남자 + I saw the man. 내가 그 남자를 봤다. → the man that I saw 내가 본 남자
명사(선행사)   주어 동사   목적어   saw 다음의 the man이 that 안에 들어가 있음

Point 관계대명사가 (주어) + 동사 + (목적어)를 묶어서 함께 명사를 꾸며줘요.

EXERCISE 46

[1단계] 다음 밑줄 친 부분을 채우세요.

1	주어 동사가 _____, _____, _____와 함께 명사를 꾸며주는 형용사절이 돼요.
2	명사 + _____ + (주어) + 동사 + (목적어)
3	관계 = 연결(_____), 대명사 = 명사(_____, _____)가 들어 있음
4	관계대명사 앞에 있는 명사를 _____라고 해요.

[2단계] 다음 중 관계대명사에 ⟩⟨표시하고, 그 밑에 주어, 목적어 중 무엇이 들어가 있는지 쓰세요.

5   I like the woman who I met yesterday.
　　_____

6   I like the man who lives near my house.　　　6 near 가까이에
　　_____

7   My mom likes the food that you made yesterday.
　　_____

8   I know the woman who visited my house.
　　_____

9   He is wearing a shirt which is white.
　　_____

10 The book that I bought yesterday is good.
　　_____

[3단계] 다음 우리말을 영어로 바꿔보세요.

11 나는 어제 내가 산 책을 좋아한다. (관계대명사 that 사용)
　　_____

12 나는 공원에서 내가 봤던 그 남자를 안다. (관계대명사 that 사용)
　　_____

SECRET 47 주어를 내준 형용사절

주어가 빠져서 관계대명사 안으로 들어가는 거예요?

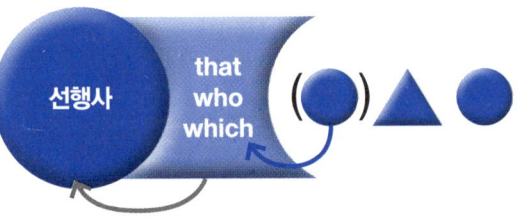

대답 ▶ 네, 맞아요. **주어**가 빠져서 관계대명사에 들어가면 **주격 관계대명사**라고 불러요.

the girl 소녀 + The girl visited me. 그 소녀가 나를 방문했다.

→ The girl that visited me 나를 방문한 소녀 → 주어(the girl)가 빠져서 that으로 들어감

선행사의 종류	주격(주어가 빠진 경우)
사람	who
사물, 동물	which
공통 (모든 선행사)	that

He is **the teacher who** teaches English. 그는 영어를 가르치시는 선생님이다.
　　사람 선행사　= (that)

This is **my car which** was made in Germany. 이것은 독일에서 만들어진 나의 차다.
　　사물 선행사　= (that)

● 동물의 경우 사람처럼 who를 사용하는 경우도 있어요. 동물도 가족이니까요.

Look at **the dog which** has white hair. 하얀 털을 가진 저 개를 봐봐.
　　동물 선행사　= (that)

Point 주격 관계대명사는 who, which, that을 사용해요.

EXERCISE 47

[1단계] 다음 밑줄 친 부분을 채우세요.

1 주어가 빠져서 관계대명사에 들어가면 _____ 라고 불러요.
2 주격 관계대명사에서 선행사가 사람이면 _____ 를 써요.
3 주격 관계대명사에서 선행사가 사물이나 동물이면 _____ 를 써요.
4 관계대명사 _____ 은 어느 경우든 쓸 수 있어요.

[2단계] 다음 중 괄호 안에 who와 which 중 쓰고, 전체 문장을 해석하세요.

5 I know the student (   ) speaks English well.
_____

6 I like the lady (   ) lives in the white house.
_____

7 She didn't read the book (   ) is on the table.
_____

8 Tom knows the boy (   ) broke the window.   8 broke 깨뜨렸다 (break의 과거)
_____

9 I have a book (   ) is very interesting.
_____

10 The people (   ) live in the apartment are very rich.
_____

[3단계] 다음 우리말을 영어로 바꿔보세요.

11 나는 중국에서 온 그 여자를 안다.
_____

12 나는 일본산 펜을 잃어버렸다.
_____

SECRET 48 목적어와 소유격을 내준 형용사절

목적어가 빠진 경우도 있죠?

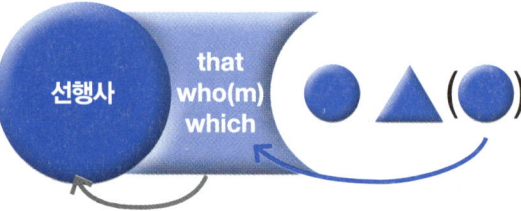

대답 ▶ 네, 맞아요. 목적어가 빠져서 관계대명사에 들어가면 **목적격 관계대명사**라고 불러요.

the man 남자 + I know the man. 나는 그 남자를 안다.
→ <u>The man that I know</u> 내가 아는 그 남자 → 목적어(the man)가 빠져서 that으로 들어감

선행사의 종류	목적격(목적어가 빠진 경우)	소유격(소유격이 빠진 경우)
사람	whom / who	whose
사물, 동물	which	whose / of which
공통 (모든 선행사)	that	X

He is <u>the teacher who(m) I like best</u>. 그는 내가 가장 좋아하는 선생님이다.
　　　사람 선행사　= (that)

This is <u>my car which I bought last year</u>. 이것은 내가 작년에 산 나의 차이다.
　　　사물 선행사　= (that)

소유격 관계대명사: 소유격이 빠진 경우도 알아두세요.

a friend 친구 + His parents are rich. 그의 부모님이 부자다.
→ <u>a friend whose parents are rich</u> 부모님이 부자인 친구 → 소유격(his)이 빠져서 whose로 들어감

Point 목적격 관계대명사는 who(m), which, that을 사용하고, 소유격 관계대명사는 whose, of which를 사용해요.

EXERCISE 48

[1단계] 다음 밑줄 친 부분을 채우세요.

1. 목적어가 빠져서 관계대명사에 들어가면 _____라고 불러요.
2. 소유격이 빠져서 관계대명사에 들어가면 _____라고 불러요.
3. 목적격 관계대명사는 _____, _____, _____을 써요.
4. 소유격 관계대명사는 _____, _____를 써요.

[2단계] 다음 중 괄호 안에 whom, which, whose 중 쓰고, 전체 문장을 해석하세요.

5. I have a car (　　　　) color is red.
   _____

6. This is the boy (　　　　) I met yesterday.
   _____

7. A widow is a woman (　　　　) husband is dead.

   7 widow 과부

8. The candy (　　　　) I ate tasted very sweet.

   8 taste 맛이 나다

9. The car (　　　　) we bought is a new model.
   _____

10. I lost the phone number (　　　　) you gave me.
    _____

[3단계] 다음 우리말을 영어로 바꿔보세요.

11. 나는 네가 만든 그 음식을 좋아한다.
    _____

12. 나는 자기 아버지가 의사인 친구가 있다.
    _____

SECRET 49 장소 부사를 내준 형용사절

장소 부사가 어디서 나와서 어디로 가요?

선행사 / where 관계부사 / ● ▲ ● (장소 부사)

대답 ▶ 장소 부사는 주어, 동사, 목적어가 나오고 나서 그 뒤에 있는게 날라가는 거예요. where 안으로요.

● 관계부사는 4가지 종류가 있어요. 자세한 점은 Secret 50에서 배워요.

The house 집 + I live in the house. 나는 그 집에 산다.

→ the house where I live 내가 사는 집 : 장소 부사(in the house)가 빠져 where로 들어감

1. 관계부사 where가 주어 + 동사 + 목적어 + (장소 부사)를 묶어서 명사를 꾸며줘요.
2. 장소가 전치사와 함께 붙으면 **장소 부사**가 되지요. (Secret 19 참고)
3. (장소 부사)에 괄호가 있는 것은 장소 부사가 관계부사 where로 날아 들어간다는 뜻이에요.
4. 그래서 관계부사 안에는 연결하는 말(**접속사**)과 장소 부사(**전치사 + 장소**)가 들어 있어요.

관계대명사와 관계부사의 차이

관계대명사	관계부사
관계대명사 다음에 주어, 목적어, 소유격 중 하나가 날아감	관계부사 다음에 주어, 목적어, 소유격은 가만히 있고 부사가 날아감

Point 관계부사 where는 주어 + 동사 + 목적어 + (장소 부사)를 묶어서 함께 명사를 꾸며줘요.

 **EXERCISE 49**

[1단계] 다음 밑줄 친 부분을 채우세요.

1 관계부사 where는 주어 + 동사 + 목적어 + (_____)를 묶어서 명사를 꾸며줘요.
2 장소가 _____와 함께 붙으면 장소 부사가 되지요.
3 (장소 부사)에 괄호가 있는 것은 장소 부사가 관계부사 _____로 날아 들어간다는 뜻이에요.
4 관계부사 안에는 연결하는 말(_____)과 장소 부사(_____ + _____)가 들어 있어요.

[2단계] 다음 중 관계부사에 ∩표시하고, 전체를 해석해 보세요.

5 This is the house where I live.

6 I arrived at the place where Mary lived.

    6 arrive at ~에 도착하다

7 I know the place where he was born.

    7 be born 태어나다

8 The hotel where we stayed was clean.

9 I went to London where I stayed for 3 years.

10 The UK is the country where the 2012 Olympics were held.

    10 The UK 영국
    be held 개최되다

[3단계] 다음 우리말을 영어로 바꿔보세요.

11 이곳은 내가 태어났던 장소이다. (관계부사 where 사용)

12 이곳은 내가 2년 동안 머물렀던 집이다. (관계부사 where 사용)

SECRET 50 시간 이유 방법 부사를 내준 형용사절

또 어떤 부사를 보내줘요?

선행사 — when / why / how — ●▲● (시간, 이유, 방법 부사)

대답 ▶ 부사는 앞서 배운 장소 외에 시간, 이유, 방법 부사가 있어요.

● 관계부사 바로 앞의 말(선행사)을 보면 어떤 것을 넣어야 할지 대개 알 수 있어요.

시간 (when)
the day 날 + I learn English on the day. 나는 그 날에 영어를 배운다.
→ the day when I learn English   내가 영어를 배우는 날 → 시간 부사(on the day)가 빠져 when으로 들어감

이유 (why)
the reason 이유 + I learn English for the reason. 나는 그 이유로 영어를 배운다.
→ the reason why I learn English   내가 영어를 배우는 이유 → 이유 부사(for the reason)가 빠져 why로 들어감

방법 (how)
the way 방법 + I learn English in the way. 나는 그 방법으로 영어를 배운다.
→ the way I learn English   내가 영어를 배우는 방법 → 방법 부사(in the way)가 빠짐

* 주의! 방법 관계부사 how는 the way랑 같이 안 써요. the way와 how 둘 중 하나만 써야 돼요.
This is the way how I learn English. (X)
→ This is the way I learn English. (O) This is how I learn English. (O)

Point 관계부사는 장소(where), 시간(when), 이유(why), 방법(how)이 있어요.

EXERCISE 50

[1단계] 다음 밑줄 친 부분을 채우세요.

1. 시간 부사가 날아가면 관계부사 _____ 을 써요.
2. 이유 부사가 날아가면 관계부사 _____ 를 써요.
3. 방법 부사가 날아가면 관계부사 _____ 를 써요.
4. 방법 관계부사는 _____ 와 같이 쓰지 않아요.

[2단계] 다음 중 알맞은 관계부사를 넣고, 전체를 해석해 보세요.

5. I remember the day (_____) he came to me.
_____

6. There are many reasons (_____) he studies English.
_____

7. Monday is the day (_____) he is busy.
_____

8. I don't know (_____) I solve the problem.
_____

9. That is the reason (_____) I don't like her.
_____

10. I know the time (_____) she will visit me.
_____

5. remember 기억하다
6. reason 이유
8. solve 해결하다

[3단계] 다음 우리말을 영어로 바꿔 보세요.

11. 나는 그가 올 날을 몰라. (관계부사 when 사용)
_____

12. 그것이 그녀가 여기에 오는 이유야. (관계부사 why 사용)
_____

REVIEW 9

1 다음 그래머 맵 빈칸에 알맞은 내용을 채우세요.

도형들이 합쳐져서 만들어진 커다란 명사	도형들이 합쳐져서 만들어진 커다란 형용사
도형을 그려보세요.	도형을 그려보세요.
1. 주어와 동사를 **접속사**로 묶어서 주어, 목적어, 보어로 쓰이면 _____ 이 돼요.	1. 관계대명사가 (주어) + 동사 + (목적어)를 묶어서 함께 _____ 를 꾸며줘요.
2. 주어와 동사를 **의문사**로 묶어서 주어, 목적어, 보어로 쓰이면 _____ 이 돼요.	2. 주격 관계대명사는 _____, _____, _____ 를 사용해요.
3. if나 whether은 _____ 라는 뜻으로 명사절을 만들어요.	3. 목적격 관계대명사는 _____, _____, _____ 를 사용하고, **소유격 관계대명사**는 _____, _____ 를 사용해요.
4. 주어가 길어지면 맨 오른쪽으로 보내고, 그 자리에 대신 _____ 을 써줘요.	4. 관계부사 where는 주어 + 동사 + 목적어 + (_____)를 묶어서 함께 명사를 꾸며줘요.
5. 명사절에서 that 이하가 _____ 역할을 할 때 that을 생략할 수 있어요.	5. 관계부사는 장소(_____), 시간(_____), 이유(_____), 방법(_____)이 있어요.

PART 5에서는 도형들이 합쳐져서 커다란 명사와 형용사로 변신한 킹콩 라인을 배웠어요. 배운 내용을 잘 기억하면서 복습해 봅시다.

2

다음 문장에서 보기에 있는 말을 골라 괄호 안에 넣고, 해석하세요. (중복 가능)

[보기]
if   who   which   whose   where   why   when

1. This is the building (　　　) we study English.

2. I know the man (　　　) car is very expensive.

3. That is the reason (　　　) I like to speak English.

4. I am not sure (　　　) it is true or not.

5. I don't know (　　　) the man is from.

6. I like to know the time (　　　) she will arrive here.

7. Jane wants to find the teacher (　　　) teaches English well.

8. This is the doll (　　　) my father bought two years ago.

REVIEW 10 GRAMMAR FOR WRITING

1 Choose the right word to fill each blank.

1. saw / smiled / he / that / I

2. she / her / what / surprised / saw

3. lives / who / like / the man / here / I

4. I / the reason / why / she / him / likes / know

이제 배운 내용을 잘 활용해서 영작문을 해 보세요.
문장을 정확하게 쓰는 연습을 해봅시다.

2 Write each sentence correctly.

1. This is the house where I live in.

2. I like the watch who my mom bought for me.

3. I have a friend who mother is a teacher.

4. There is no reason which we should not buy the car.

5. This is the way how he succeeded.

6. That is the hotel which I stayed for several days.

7. I know the place which she was born.

8. I do not know where is the pen.

3 Translate Korean into English.

1. 너는 내가 어제 산 책을 봤니?

2. 나는 내가 태어난 집을 기억한다.

PART 6 킹콩 라인 동사와 부사

도형들이 합쳐져서 커다란 동사와 부사로 변신한 거예요.

SECRET 51 be 동사와 ing가 합쳐 만든 큰 동사

be 동사와 ing가 합치면 뭐가 돼요?

be + ing = 진행형

대답 ▶ be 동사와 ing가 합쳐지면 **진행형**이 돼요.

현재진행형: am/is/are + reading 읽는 중이다
과거진행형: was/were + reading 읽는 중이었다

● 동사에 ing가 붙으면 더 이상 동사가 아닌 것 아시죠? Secret 21 참조

그럼 ing를 붙인 것과 안 붙인 것의 차이점을 볼까요?

현재형: I read a comic book. 나는 만화책을 읽는다.
→ 오래 지속된 상황 : 나는 습관적으로 만화책을 봐요. (만화책을 평소 좋아해서)

현재진행형: I am reading a comic book. 나는 만화책을 읽는 중이다.
→ 순간적인 상황 : 나는 지금 만화책을 읽고 있어요. (평소와 관계없이 이 순간)

과거형: I lived in Canada. → 오래 지속된 상황 : 나는 캐나다에서 살았다.

과거진행형: I found my brother was crying when I entered the room.
→ 순간적인 상황 : 나는 방에 들어갔을 때 내 동생이 울고 있는 것을 발견했다.

현재진행형이 **미래**를 나타내는 경우도 있어요. 그럴 때는 보통 미래 시간을 나타내는 표현과 함께 쓰여요.

They are leaving for America next month. 그들은 다음 달 미국으로 떠나는 중이다. (X)
미래 시간 표현: 그들은 다음 달 미국으로 떠날 것이다. (O)

Point be 동사와 ing가 합쳐지면 진행형이 돼요.

EXERCISE 51

[1단계] 다음 밑줄 친 부분을 채우세요.

1. be 동사와 ing가 합쳐지면 _____ 이 돼요.
2. 현재나 과거형은 _____ 상황을 가리켜요.
3. 현재진행형이나 과거진행형은 _____ 상황을 가리켜요.
4. 현재진행형이 _____ 를 나타내는 경우도 있어요.

[2단계] 다음 중 진행형에 △ 표시하고, 문장 전체를 해석해 보세요.

5. He was playing soccer in the ground.

6. Is he studying English now?

7. James was reading to the children while Mary was sleeping.

8. Mary was singing when I visited her.

9. The baby is sleeping at the moment.

10. While I was working at the shop, I hurt my back.

5. ground 운동장

7. while ~하는 동안

9. at the moment 바로 지금

10. hurt 다치다
    back 등

[3단계] 다음 우리말을 영어로 바꿔보세요.

11. 내가 그녀를 방문했을 때 그녀는 책을 읽고 있었다.

12. 그는 바로 지금 야구를 하고 있다.

SECRET 52 be 동사와 ed가 합쳐 만든 큰 동사

be 동사와 ed가 합치면 뭐가 돼요?

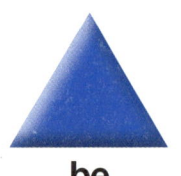 +  =

be　　　　　　　ed　　　　　　수동태

대답 ▶ be 동사와 ed(과거분사)가 합쳐지면 수동태가 돼요.

능동태 : love 사랑한다　　　수동태 : be loved 사랑을 받는다

> ●목적어가 없으면 수동태가 되지 않아요. 그리고 **조동사**가 있으면 '조동사 + be p.p. by'로 하면 돼요.
> ex) It can be made by me.

능동태는 주어가 동작을 주는 혹은 하는 것이에요.
I love Mary. 내가 메리를 사랑 주는 거예요.

수동태는 주어가 동작을 받는 혹은 당하는 경우지요.
Mary is loved by me. 메리는 나에게 사랑을 받는 거예요.

수동태의 기본 형태는 주어 be p.p. by이에요. 과거분사를 간단히 p.p.라고 해요. by는 '~에 의해서'라는 말이에요.

그럼 능동태를 수동태로 바꾸는 연습을 해볼까요?

능동태: I　　finished　　my homework. 나는 나의 숙제를 끝냈다.
　　　주어　　　　　　　목적어

수동태: My homework was finished by me. 나의 숙제는 나에 의해 끝마쳐졌다.

Point be 동사와 p.p.가 합쳐지면 수동태가 돼요.

EXERCISE 52

[1단계] 다음 밑줄친 부분을 채우세요.

1 be 동사와 p.p.가 합쳐지면 _____ 가 돼요.
2 능동태는 주어가 동작을 _____ 혹은 _____ 이에요.
3 수동태는 주어가 동작을 _____ 혹은 _____ 이에요.
4 _____ 가 없으면 수동태가 되지 않아요.

[2단계] 다음 능동태를 수동태로 바꿔보세요.

5 I bought the new car.
   _____

6 The company produces the car.　　6 produce 생산하다
   _____

7 Computers help us.
   _____

8 Bell invented the telephone.　　8 invent 발명하다
   _____

9 My friend could make the box.
   _____

10 Tom can explain the reason.　　10 explain 설명하다
   _____

[3단계] 다음 우리말을 영어로 바꿔보세요.

11 그 펜은 그 회사에 의해 만들어졌다.
   _____

12 그 질문은 나의 선생님에 의해 설명이 되었다.
   _____

SECRET 53 — have 동사와 ed가 합쳐 만든 큰 동사 1

have 동사와 ed가 합치면 뭐가 돼요?

have + ed = 현재완료

대답 ▶ have 동사와 ed가 합쳐지면 현재완료가 돼요.

현재나 과거가 '점' 기간이라면, 현재완료는 '덩어리' 기간을 나타내요.

과거   현재완료   현재

현재완료는 기본적으로 과거의 영역에 속해요. 그럼 과거와 현재완료의 의미를 구분해 볼까요?

　과거: knew 알았다 → 과거 어느 시점에 알았다는 사실만 전달해요.

　현재완료: have known 알아왔다 → 과거에 알았고 지금까지 아는 상태로 있어요.

세부적으로 보면 현재완료에는 네 가지의 뉘앙스가 있어요. 여기서는 두 가지만 배우고 나머지는 다음 Secret에서 배우기로 해요.

1. 계속 I have known her for 3 years. 나는 그녀를 3년 동안 알아왔다.
　　　→ 3년 전 과거 ~ 현재까지 덩어리 기간 동안 계속 알아왔어요.

2. 완료 I have finished my homework. 나는 나의 숙제를 막 마쳤다.
　　　→ 과거 어느 시점에서 시작해서 ~ 현재 막 완료했지요.

● I have known = I've known

Point have 동사와 p.p.가 합쳐지면 현재완료가 돼요.

EXERCISE 53

[1단계] 다음 밑줄 친 부분을 채우세요.

1. have 동사와 p.p.가 합쳐지면 _____가 돼요.
2. 현재나 과거가 '점' 기간이라면 현재완료는 '_____' 기간을 나타내요.
3. 현재완료는 기본적으로 _____의 영역에 속해요.
4. 현재완료 네 가지 뉘앙스 중에 _____과 _____가 있어요.

[2단계] 다음 중 현재완료에 △ 표시하고, 문장 전체를 해석해 보세요.

5. They have lived in Vancouver since 2010.
   _____
   5 since 이후로

6. She has learned English for 7 years.
   _____

7. I've known the teacher since 2000.
   _____

8. The man has finished his report.
   _____

9. I have just read *Hamlet*.
   _____
   9 just 막

10. I have just called my friends.
    _____

[3단계] 다음 우리말을 영어로 바꿔보세요.

11. 그는 5년 동안 그 아파트에서 살아왔다.
    _____

12. 그녀는 일을 막 마쳤다.
    _____

SECRET 54 have 동사와 ed가 합쳐 만든 큰 동사 II

have 동사와 ed가 합치면 어떤 뉘앙스가 있죠?

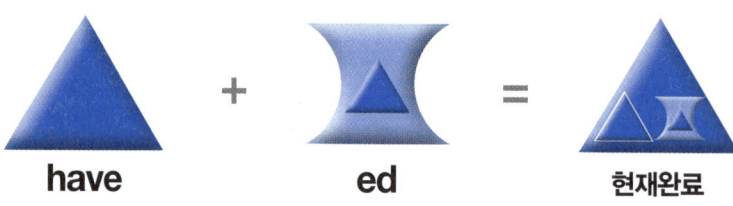

대답 ▶ have 동사와 ed가 합쳐지면 네 가지의 뉘앙스가 생겨요.

3. 경험

I have seen a real tiger. 나는 진짜 호랑이를 본 적이 있다. → 과거부터 지금껏 본 경험이 있어요.

비교) I saw a real tiger. 나는 진짜 호랑이를 봤다. → 단순히 과거에 봤다는 사실만 알려줘요. 이전에 본 적이 있는지 처음보는지 알 수 없어요.

4. 결과

She has gone to America. 그녀는 미국에 가버렸다. → 과거에 가서 현재도 미국에 있다.

비교) She went to America. 그녀는 미국에 갔다. → 갔다는 과거 사실만 전달해요. 지금은 어디 있는지 몰라요.

* I have gone to America. (X) 나는 미국에 가버렸다. → 말을 하고 있는 내가 미국에 가서 지금 없다는 말은 말이 안돼요.

I have been to America. (O) 나는 미국에 가본 적이 있다. → 다녀온 경험을 말하는 거예요.

다음도 비교해 보세요.

· 과거: I lost my watch. 나는 시계를 잃어버렸다. → 잃어버린 사실만 언급해요.
· 현재완료: I have lost my watch. 나는 시계를 잃어버려서 지금도 없다. → 현재까지 과거의 일이 영향을 끼쳐요.

Point 현재완료의 뉘앙스에는 계속, 완료, 경험, 결과가 있어요.

EXERCISE 54

[1단계] 다음 밑줄친 부분을 채우세요.

1 현재완료의 네 가지 뉘앙스에는 계속, 완료, _____, _____ 가 있어요.

2 과거시제는 단순히 _____ 사실만 알려줘요.

3 지금껏 '~한 적이 있다'는 말을 표현하는 현재완료는 _____ 이에요.

4 과거에 발생해서 지금도 그렇다는 말을 표현하는 현재완료는 _____ 예요.

[2단계] 다음 중 현재완료에 △ 표시하고, 문장 전체를 해석해 보세요.

5 I have lost my wallet.
_____

6 I have met her three times.
_____

7 He has lost his credit card.
_____

8 Have you seen a tiger before?
_____

9 The man has gone to Canada.
_____

10 The man has been to America.
_____

5 wallet 지갑

6 three times 세 번

7 credit card 신용카드

[3단계] 다음 우리말을 영어로 바꿔보세요.

11 나는 그 남자를 한 번 본 적이 있다. (once)
_____

12 그 여자는 그녀의 가방을 잃어버렸다. (지금도 못 찾았다.)
_____

SECRET 55 had 동사와 ed가 합쳐 만든 큰 동사

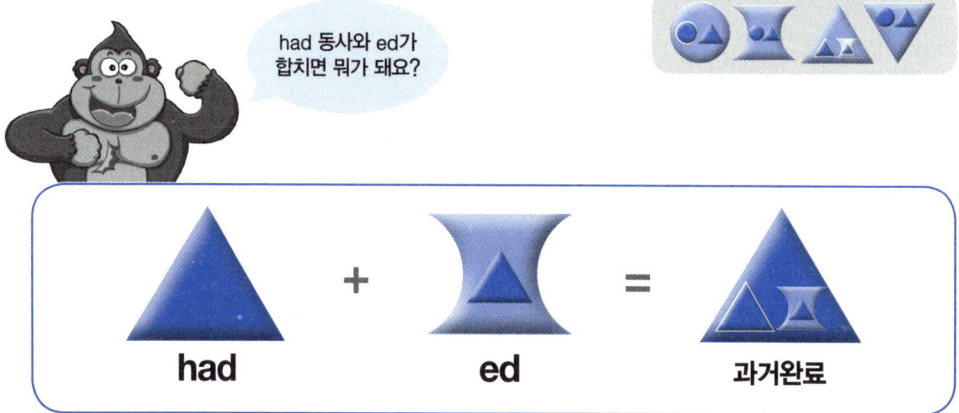

대답 ▶ had 동사와 ed가 합쳐지면 과거완료가 돼요.

대과거　과거완료　과거　현재

과거완료는 과거보다 더 이전을 가리키는 **대과거에서부터 과거까지의 덩어리 기간**을 나타내요. 과거완료는 현재완료에 있던 것 네 가지에 하나를 더해서 **다섯 가지**의 뉘앙스가 있어요.

1. **계속** I had known her for 3 years. 나는 그녀를 3년 동안 알아 왔었다.
   → 대과거에서 과거까지의 계속, 지금은 아니고요.
2. **완료** I had finished my work. 나는 내 일을 끝마쳤었다. → 대과거에서 과거까지의 완료
3. **경험** I had met her three times. 나는 그녀를 세 번 만났었다. → 대과거에서 과거까지의 경험
4. **결과** I had lost my watch. 나는 내 시계를 잃어버렸었다.
   → 대과거에 일어난 사건이 과거까지 영향을 미칠 때
5. **대과거** 과거완료에만 있지요. 대과거는 과거보다 먼저 발생할 때 써요.

   The plane had left when I got to the airport. 내가 공항에 왔을 때 비행기는 떠났었다.
   　　　　대과거　　　　　과거　　　　　　→ 공항 도착보다 비행기 떠난 게 먼저

Point had 동사와 p.p.가 합쳐지면 과거완료가 돼요.

# EXERCISE 55

[1단계] 다음 밑줄 친 부분을 채우세요.

1. had 동사와 p.p.가 합쳐지면 _____ 가 돼요.
2. 과거완료는 _____ 에서 _____ 까지의 덩어리 기간이에요.
3. 과거완료는 _____ 개의 뉘앙스가 있어요.
4. 과거완료는 현재완료의 네 가지에 _____ 가 추가돼요.

[2단계] 다음 중 과거완료에 △표시하고, 문장 전체를 해석해 보세요.

5. I had played basketball for two hours.

6. I had not met the lady before.

7. He had lived there for two years when his mother died.

8. The teacher had gone to France.

9. When I arrived at the station, the train had already started.

10. Sarah had lived in Chicago for 20 years before she moved to Korea.

9 already 이미

10 move 이사하다

[3단계] 다음 우리말을 영어로 바꿔보세요.

11. 그는 그의 어머니를 본 적이 없었었다.

12. 내가 공원에 도착했을 때 그들은 이미 떠났었다.

SECRET 56 주어 동사가 합쳐 만든 부사절 I

주어와 동사로 부사를 만들 수 있어요?

접속사
when   +   ●▲   =
as

대답 ▶ 주어와 동사를 접속사 when이나 as 등으로 묶어주면 부사절이 될 수 있어요.

시간이나 이유 등을 나타내면서 동사를 꾸며주면 부사절이 돼요.

- 시간을 나타내는 부사절 : I snore when I sleep. 나는 잠을 잘 때 코를 곤다.
  동사 수식

- 이유를 나타내는 부사절 : As she is sick, she can't come. 그녀는 아프기 때문에 올 수 없다.
  동사 수식

위의 부사절과 다음의 형용사절, 명사절을 비교해 보세요.

- 형용사절: I don't know the time when I sleep. 나는 잠자는 시간을 모른다.
  명사 수식 (형용사절)

- 명사절: I don't know when I sleep. 나는 언제 자야 할지를 모른다.
  ~를 (목적어) (명사절)

> ● 부사절이 앞으로 나오는 경우 부사절 뒤에 꼭 콤마를 찍어야 돼요.
> ex) When I sleep, I snore.

Point 주어와 동사를 when 이나 as 등으로 묶어 시간이나 이유를 나타내는 부사절이 돼요.

EXERCISE 56

[1단계] 다음 밑줄 친 부분을 채우세요.

1 주어 동사를 **접속사** when이나 as 등으로 묶어 _____이나 _____를 나타내는 부사절이 돼요.

2 주어 동사가 묶여서 _____를 꾸며주면 부사절이 돼요.

3 부사절이 앞으로 나오는 경우 부사절 뒤에 꼭 _____를 찍어야 돼요.

4 접속사 + 주어 + 동사는 **부사절**도 되지만, _____이나 _____도 될 수 있어요.

[2단계] 다음 중 부사절에 ▽ 표시하고, 문장 전체를 해석해 보세요.

5 He was busy when she came.
_____

6 When we first met last year, I was thirteen years old.
_____

7 As she is blind, she can't see anything.
_____

    7 blind 눈먼

8 When I finished my homework, my mom called me.
_____

9 As you were out, I left a message.
_____

    9 message 메시지

10 As he was absent, I worried about him.
_____

    10 absent 결석한

[3단계] 다음 우리말을 영어로 바꿔보세요.

11 그가 돌아왔을 때 나는 기뻤다.
_____

12 그녀가 오지 않아서 나는 슬펐다.
_____

SECRET 57 주어 동사가 합쳐 만든 부사절 II

주어와 동사로 부사를 만들 때 또 어떤 접속사를 써요?

접속사 though if + ● ▲ =

대답 ▶ 주어와 동사를 접속사 though나 if 등으로 묶어주면 **부사절**이 될 수 있어요.

'~지만(양보)'이나 '만약~라면 (조건)' 등을 나타내면서 **동사를 꾸며주면 부사절**이 돼요.

양보 : though 주어 동사

Though he made much money, he **was** not happy. 그는 돈을 많이 벌었지만, 행복하지 않았다.
　　　　　　　　　　　동사 수식

I **did** my best **though** I don't like to do it. 나는 그것을 하는 것을 좋아하지 않았지만, 최선을 다 했다.
　　　　　　　동사 수식

조건 : if 주어 동사

● though = although

If the bus comes late, I will **take** a taxi. 만약 버스가 늦게 오면, 나는 택시를 탈 것이다.
　　　　　동사 수식

The event **will be cancelled** **if** it rains tomorrow. 내일 비가 오면, 그 행사는 취소될 것이다.
　　　　　　　　　　　　　　동사 수식

Point 주어와 동사를 though이나 if 등으로 묶어 양보나 조건을 나타내는 부사절이 돼요.

EXERCISE 57

[1단계] 다음 밑줄 친 부분을 채우세요.

1. 주어 동사를 접속사 though나 if로 묶어 _____ 나 _____ 을 나타내는 부사절이 돼요.
2. though는 '_____'이라고 해석해요.
3. if는 '_____'이라고 해석해요.
4. though = (_____)

[2단계] 다음 중 부사절에 ▽ 표시하고, 문장 전체를 해석해 보세요.

5. Though she looks happy, she is still worried.
_____

5. **still** 여전히

6. I like Tom although he has many faults.
_____

6. **fault** 결점

7. If she finishes it early, we will go to have dinner together.
_____

8. If I get a better job, I will be able to buy a new car.
_____

9. Although we are rivals, I still respect him.
_____

9. **rival** 경쟁자
respect 존경하다

10. I will be able to see him if he comes tomorrow.
_____

[3단계] 다음 우리말을 영어로 바꿔보세요.

11. 그는 늙었지만, 여전히 건강하다.
_____

12. 만약 내일 비가 온다면, 소풍이 취소될 것이다.
_____

SECRET 58 부사절 - 가정법 과거

앞에서 배운 if와 뭐가 달라요?

접속사 **if** + ● ▲ = ▽
가정법   과거

대답 ▶ 앞에서 배운 것은 그냥 if절(조건문)이고 지금 배우는 것은 가정법 과거예요.

조건문 if - 만약이라는 뜻만 있어요.
If the bus comes late, I will take a taxi. 만약 버스가 늦게 온다면, 나는 택시를 탈 것이다.

가정법 if - 만약 + 반대의 의미를 포함해요.
If I were rich, I would buy the car. 만약 내가 부자라면, 나는 그 차를 살 수 있을텐데.
→ 나는 부자가 아니다. 그 차를 못 산다. (반대의 의미 포함)

가정법 과거 (현재나 미래 사실의 반대) : If 주어 + 과거 동사 ~, 주어 + 과거 조동사 + 동사원형

가정법 과거에서 '과거'라는 말이 붙는 이유는 동사가 과거라 그래요.
If I were rich, I would buy the car.
　　과거 동사　　과거 조동사

하지만 뜻은 과거가 아니에요. 가정법 과거는 **현재**나 **미래**의 **뜻**이에요.
따라서 현재나 미래 사실을 반대하는 말이 **가정법 과거**예요.

If I saw her tomorrow, I would be happy.
내일 그녀를 (못 보게 되겠지만) 만약 보게 된다면, 내가 행복할텐데.

- **가정법 과거**에서는 be 동사가 나올 경우 주어와 관계없이 **were**를 쓰는 것이 원칙이에요.
- 조동사 뒤에는 항상 동사원형이 와요. (Secret 31 참고)

Point 가정법 과거는 현재나 미래 사실을 반대하는 것이고, 과거 동사와 과거 조동사를 써요.

EXERCISE 58

[1단계] 다음 밑줄 친 부분을 채우세요.

1. 조건문 **if**는 _____ 이라는 뜻만 있어요.
2. 가정법 **if** – _____ + _____ 의 의미를 포함해요.
3. 가정법 과거에서 과거라는 말이 붙는 이유는 _____ 가 _____ 라 그래요.
4. 가정법 과거( ) : If 주어 + ( )~, 주어 + ( )

[2단계] 다음 중 가정법 if 절에 사용된 동사에 밑줄치고, 전체를 해석해 보세요.

5. If I were a bird, I could fly to you.

6. If he had more time, he could finish the work.

7. If he were here, he would praise us.

   7 **praise** 칭찬하다

8. If I saw her again, I would be happy.

9. If it rained tomorrow, I would stay at home.

10. If I had much money, I could buy it for my mom.

[3단계] 다음 우리말을 영어로 바꿔보세요.

11. 만약 내가 너라면 행복할 텐데.

12. 만약 내일 눈이 내린다면, 나는 스키를 탈 수 있을 텐데.

SECRET 59 부사절 - 가정법 과거완료

가정법 과거와 가정법 과거완료는 어떻게 달라요?

접속사 if + ● ▲ = ▽
가정법   과거완료

대답 ▶ 가정법 과거와 가정법 과거완료는 두 가지 면에서 달라요.

1. 가정법 과거 - 현재나 미래 사실의 반대예요.
   가정법 과거완료 - 과거 사실의 반대예요.

- if절에 not을 넣으려면 **had not p.p.**로 써요.

2. 가정법 과거 - 과거 동사와 과거 조동사를 사용해요.
   가정법 과거완료 - had p.p.와 과거 조동사 have p.p.를 사용해요.

가정법 과거완료(과거 사실의 반대) : If 주어 + had p.p. ~, 주어 + 과거 조동사 have p.p.

* If she **had studied** harder, she **could have passed** the exam.
  만약 그녀가 더 열심히 공부했었더라면, 그녀는 시험을 통과했었을 것이다.
  → 그녀는 공부를 열심히 안 했기 때문에 시험에 통과하지 못했다. (과거 사실의 반대의 의미)

  가정법 과거완료에서 '과거완료'라는 말이 붙는 이유는 동사가 과거완료라 그래요.

  If I **had been** rich, I **could have bought** the car. 내가 부자였었다면, 그 차를 살 수 있었을텐데.

* **주절의 과거완료 동사**는 원래 could + had p.p 이지만, 조동사 다음에는 동사원형이 오니까 could have p.p.가 됩니다.

Point 가정법 과거완료는 과거 사실을 반대하는 것이고, had p.p.와 과거 조동사 have p.p.를 써요.

EXERCISE 59

[1단계] 다음 밑줄 친 부분을 채우세요.

1. 가정법 과거와 가정법 과거완료는 _____ 면에서 달라요.
2. if 절에 not을 넣으려면 _____ 로 써요.
3. 가정법 과거완료에서 '과거완료'라는 말이 붙는 이유는 _____ 가 _____ 라 그래요.
4. 가정법 과거완료( ) : If 주어 + ( )~, 주어 + ( )

[2단계] 다음 중 가정법 if 절에 사용된 동사에 밑줄치고, 전체를 해석해 보세요.

5. If I had entered the college, I could have joined the college club.
   _____

   5 college 대학

6. If he had studied hard, he would have gotten a good grade.
   _____

   6 grade 점수

7. If you had started earlier, you could have caught the train.
   _____

   7 catch-caught-caught 잡다, 타다

8. If you had not helped me, I could not have finished it.
   _____

9. If I had not been there, you might have been drowned.
   _____

   9 drown 익사시키다

10. If I had had enough money, I could have bought a new computer.
    _____

[3단계] 다음 우리말을 영어로 바꿔보세요.

11. 만약 내가 부자였었다면, 그를 도와줄 수 있었을 텐데.
    _____

12. 만약 내가 일찍 일어났었더라면, 기차를 놓치지 않았을 텐데.
    _____

SECRET 60 부사절 줄이기

부사절을 어떻게 줄여요?

 = 접속사 + ◯▲ + ing

대답 ▶ 접속사 + 주어 + 동사로 이루어진 **부사절을 간단히 줄일 수 있어요.**

1. **접속사**를 지워요.
2. **주어**를 지워요. 단, 뒤의 주절에 있는 주어와 같을 경우만이에요.
3. 동사를 원형상태에서 **ing**를 붙여요.

● 부사절을 줄인 것을 **분사구문**이라고 표현해요.

~~When I~~ study at the library, I don't listen to music.   나는 도서관에서 공부할 때, 음악을 듣지 않는다.
→ Studying at the library, I don't listen to music.

동사가 be 동사여서 being이 되는 경우는 생략할 수 있어요.
~~As he is~~ honest, he is loved by everyone.   그는 정직하기 때문에, 모든 사람들에게 사랑을 받는다.
→ (Being) honest, he is loved by everyone.

접속사가 생략이 되어 있을 때에는 원래 접속사를 **짐작해서** 해석해야 해요.
Making much money, he was not happy.
   돈을 많이 번다.   행복하지 않았다.   → 접속사의 의미가 '~지만'일 것이라고 짐작할 수 있어요.

→ 원래 문장 : **Though** he made much money, he was not happy. 그는 돈을 많이 벌었지만, 행복하지 않았다.

Point 부사절을 줄이는 순서는 접속사와 주어를 지우고, 동사원형에 ing를 붙이는 거예요.

EXERCISE 60

[1단계] 다음 밑줄 친 부분을 채우세요.

1. 부사절을 줄이는 순서는 _____와 _____를 지우고, 동사원형에 _____를 붙이는 거예요.
2. 동사가 be 동사여서 being이 되는 경우는 _____ 할 수 있어요.
3. 접속사가 생략이 되어 있을 때에는 원래 접속사를 _____해서 해석해야 해요.
4. 부사절을 줄인 것을 _____이라고 표현해요.

[2단계] 다음 중 부사절을 줄여서 다시 쓰고, 분사구문만 해석해 보세요.

5. As she is sick, she can't come.
   _____

6. When she came to me, she looked happy.
   _____

7. Though he worked hard, he failed.   7 fail 실패하다
   _____

8. If I get up late, I will be late for school.
   _____

9. As I was busy, I could not visit my grandmother.
   _____

10. Although he was young, he had a great dream.
    _____

[3단계] 다음 우리말을 영어로 바꿔 보세요.

11. 나는 피곤했지만, 열심히 공부했다. (분사구문 형태로)
    _____

12. 그는 돈을 많이 가지고 있어서, 그 차를 살 수 있었다. (분사구문 형태로)
    _____

REVIEW 11

1 다음 그래머 맵 빈칸에 알맞은 내용을 채우세요.

도형들이 합쳐져서 만들어진 커다란 동사	도형들이 합쳐져서 만들어진 커다란 부사
도형을 그려보세요.	도형을 그려보세요.
1. be 동사와 ing가 합쳐지면 _____ 이 돼요.	1. 주어와 동사를 when 이나 as 등으로 묶어 _____ 이나 _____ 를 나타내는 _____ 이 돼요.
2. be 동사와 p.p.가 합쳐지면 _____ 가 돼요.	2. 주어와 동사를 though나 if 등으로 묶어 _____ 나 _____ 을 나타내는 _____ 이 돼요.
3. have 동사와 p.p.가 합쳐지면 _____ 가 돼요.	3. 가정법 과거는 _____ 나 사실을 반대하는 것이고, _____ 와 _____ 를 써요.
4. 현재완료의 뉘앙스에는 _____, _____, _____, _____ 가 있어요.	4. 가정법 과거완료는 _____ 사실을 반대하는 것이고, _____ 와 _____ 를 써요.
5. had 동사와 p.p.가 합쳐지면 _____ 가 돼요.	5. 부사절을 줄이는 순서는 _____ 와 _____ 를 지우고, 동사원형에 _____ 를 붙이는 거예요.

PART 6에서는 도형들이 합쳐져서 커다란 동사와 부사로 변신한 킹콩 라인을 배웠어요.
배운 내용을 잘 기억하면서 복습해 봅시다.

2 다음 문장에서 보기에 있는 말을 골라 괄호 안에 넣고, 해석하세요. (중복 가능)

[보기]
수동태   현재완료   과거완료   가정법 과거   가정법 과거완료   분사구문   진행형

1. The expensive car was made by Germany. (   )

2. If I had worked harder, I could have succeeded. (   )

3. Watching TV, I often play games. (   )

4. I have seen a real Koala in Australia. (   )

5. Born in America, I can speak English naturally. (   )

6. The train had gone when I arrived at the station. (   )

7. Mary was dancing in her room. (   )

8. If he were strong, he could lift the box. (   )

REVIEW 12 GRAMMAR FOR WRITING

1 Choose the right word to fill each blank.

1. healthy / living / in the country / am / I

2. twice / her / met / have / I

3. tired / are / you / may / if / go / you

4. I / am / rich / happy / am / I / though / not

이제 배운 내용을 잘 활용해서 영작문을 해 보세요.
문장을 정확하게 쓰는 연습을 해봅시다.

2 Write each sentence correctly.

1. Work hard, she can succeed.

2. If you had been not married, I would have introduced a nice guy to you.

3. The special pen was produced the company.

4. As she was weak, she has a strong will.

5. While she going to uncle's, she felt tired.

6. If he had more time, he could have finished it.

7. I having no time, I had to run.

8. When I arrived at the station, the train has already started.

3 Translate Korean into English.

1. 나는 5년 동안 미국에서 살았다. (현재완료)

2. 내가 부자라면 너에게 그 인형을 사줄 수 있을 텐데. (가정법 과거)

ANSWER

정답이 뭐야?
문법이 쉬워지는 정답편

1단계
1. 주어, 목적어, 보어
2. 은, 는, 이, 가
3. 을, 를
4. 주어, 보어

2단계
5. The boy has a dream.
   주어   목적어
6. The baby likes ice cream.
   주어   목적어
7. The man is a great teacher.
   주어   보어
8. A dog is a smart animal.
   주어   보어
9. Mom cooked spaghetti.
   주어   목적어
10. The library is a good place.
    주어   보어

3단계
11. The student is a chairman.
12. Dad met the teacher.

1단계
1. s
2. 일정한 모양
3. 복수 명사
4. es

2단계
5. Love(X) has great power(X).
6. The girl(O) drinks water(X).
7. The dog(O) likes oranges(O).
8. The teacher(O) likes coffee(X).
9. Babies(O) like milk(X).
10. The tiger(O) has a tail(O).

3단계
11. Three children, the two babies
12. The mice like the cheese.

1단계
1. 대명사
2. 주격 대명사
3. 은, 는, 이, 가
4. 대문자

2단계
5. They
6. It
7. She
8. You
9. They
10. It

3단계
11. man, He is a new teacher.
12. snake, It is a dangerous animal.

EXERCISE 4   P.23

1단계
1. 목적격 대명사
2. 을, 를
3. you, it
4. us

2단계
5. it
6. them
7. her

8. it
9. us
10. him

3단계
11. you. He teaches you.
12. her and me. He helps us.

2단계
5. mad ②
6. long ①
7. red ① / nice ②
8. handsome ①
9. old ①
10. grey ②

3단계
11. I read old books.
12. The man is handsome and tall.

EXERCISE ⑤ P.25

1단계
1. this, these
2. that, those
3. 이 사람, 저 사람
4. 이것, 저것

2단계
5. Those
6. This
7. These
8. That
9. Those
10. These

3단계
11. These are pilots, and those are scientists.
12. This is a cat, and those are rabbits.

EXERCISE ⑦ P.29

1단계
1. a, an, the
2. 하나의, 그
3. 자음 소리, 모음 소리
4. 나라 이름, 사람 이름

2단계
5. an
6. the
7. the
8. X
9. the
10. a, the

3단계
11. An elephant, the elephant is small
12. Open the window, please.

EXERCISE ⑥ P.27

1단계
1. 형용사, 명사, 명사, be 동사, 형용사
2. 보어
3. 동사
4. ~ㄴ

EXERCISE ⑧ P.31

1단계
1. 주인

2. ~의
3. 너의, 너희들의
4. 관사

2단계
5. your
6. their
7. our
8. Her
9. mine
10. Its

3단계
11. They are ours.
12. It is his book.

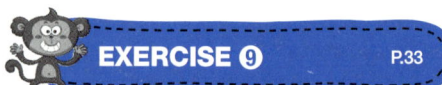
EXERCISE 9 — P.33

1단계
1. er, more
2. 자음
3. y, i
4. than

2단계
5. taller
6. slower
7. happier
8. older
9. more expensive
10. more beautiful

3단계
11. Siberia is colder than Korea.
12. Math is more difficult than English.

EXERCISE 10 — P.35

1단계
1. est, most
2. 비교급
3. the
4. 둘, 셋

2단계
5. tallest
6. oldest
7. the most famous
8. the saddest
9. smallest
10. the most comfortable

3단계
11. She is the shortest of the three.
12. This car is the most expensive in the world.

REVIEW 1 — P.36

1 명사 만들기

1. 주어, 목적어, 보어
2. s, s
3. 주격 대명사
4. 목적격 대명사
5. this, these, that, those

형용사 만들기

1. 꾸며주고, 설명
2. a/an, the
3. 주인
4. er, more
5. est, most

2
1. 목적격 대명사, 그 선생님은 우리를 좋아하셨다.
2. 형용사의 최상급, 메리는 그녀의 반에서 가장 유명한 학생이다.
3. 소유 형용사, 그 학생들은 그들의 영어 선생님을 좋아한다.
4. 관사, 톰은 새로운 장난감을 가지고 있다.
5. 형용사의 비교급, 그 하얀 강아지는 검은 강아지보다 더 크다.
6. 형용사 보어, 그 의자들은 젖어 있다.
7. 주격 대명사, 할머니와 나는 쿠키를 약간 먹는다.
8. 명사 보어, 그 멋진 남자는 제임스이다.

3. ~이다, ~이 있다
4. 보어

2단계
5. bought - 일반동사
6. helps - 일반동사
7. is - be 동사
8. thought – 일반동사
9. is - be 동사
10. are - be 동사

3단계
11. You are my treasures.
12. The cat is on the desk.

1
1. The man / likes / animals.
2. The girls / are / pretty.
3. Mary and I / bought / a notebook.
4. His job / is / a pilot.

2
1. Mom likes us.
2. My teacher is kind.
3. They drink water in the morning.
4. Children like the toy.
5. James knows the cute cat.
6. He looked at my picture.
7. I said, "Open the window!"
8. Jack is stronger than Tom.

3
1. His book is more expensive than hers.
2. Seoul is the biggest city in Korea.

1단계
1. 목적어, 목적어
2. 형용사, 전치사
3. 타동사
4. 타동사, 자동사

2단계
5. saw - 타동사
6. went - 자동사
7. smells - 자동사
8. know - 타동사
9. enjoys – 타동사
10. ran – 자동사

3단계
11. I saw a lion at the zoo.
12. Lions live in the zoo.

1단계
1. 동사
2. 일반동사, be 동사

 **EXERCISE 13** P.47

1단계
1. 현재동사
2. -s, -es, -ies
3. 과거동사
4. was, were

2단계
5. gets up
6. walk
7. reads
8. was, is
9. went
10. liked, like

3단계
11. He plays computer games every dinner.
12. I lived in Pusan last year, but I live in Seoul now.

 **EXERCISE 15** P.51

1단계
1. do, 주어
2. do not
3. 원형
4. does, did

2단계
5. She doesn't have a good teacher.
6. Does Tom live in America?
7. Did the man go to Canada two years ago?
8. The dog didn't find its house.
9. Do Julie and Mary have a good relationship?
10. Jack doesn't speak Chinese well.

3단계
11. What do you do every day?
12. How did you feel about this?

 **EXERCISE 14** P.49

1단계
1. 맨 앞
2. not
3. isn't, aren't, wasn't, weren't
4. 맨 앞

2단계
5. Mary is not very unhappy.
6. Is it the smartest animal?
7. Were Tom and Jack good students?
8. The dolphin wasn't showing its jumping.
9. Are Sam and Bill twin boys?
10. I am not tall like Tom.

3단계
11. Who is the man?
12. What is the fastest animal in the world?

 **EXERCISE 16** P.53

1단계
1. 명사
2. 동사, 형용사, 다른 부사, 문장 전체
3. ly
4. ~하게

2단계
5. 부사: rudely, answered
6. 부사: really, beautiful
7. 부사: always, does
8. 부사: very, foolish
9. 부사: Fortunately, he passed the exam
10. 부사: very, well

176

3단계
11. He ran really fast.
12. Unfortunately, he doesn't speak English very well.

7. She usually has problems with her computer.
8. The man is never brave.
9. Sometimes I eat bread. / I sometimes eat bread. / I eat bread sometimes.
10. I am not always sad.

3단계
11. I usually get up at 7.
12. She is never late for school.

EXERCISE ⑰ P.55

1단계
1. there
2. 뒤
3. 해석
4. 거기에

2단계
5. is, 내 청바지에 구멍이 하나 있다.
6. are, 들판에 많은 소들이 있다.
7. is, 우유가 좀 남아있다.
8. was, 언덕에는 큰 나무 한 그루가 있다.
9. remains, 또다른 문제가 남아있다.
10. lived, 예쁜 공주가 살았다.

3단계
11. There is a man under a tall tree.
12. There lived a big monster in the town.

EXERCISE ⑲ P.59

1단계
1. 부사
2. on
3. 움직임, 움직임
4. 좁은, 넓은

2단계
5. to, 병원에
6. on, 선반 위에
7. in, 미국에서
8. at, 입구에
9. to, 부산에(부산으로)
10. in, 그 도시에

3단계
11. My uncle stayed at the hotel.
12. There is a yellow label on the bottle.

EXERCISE ⑱ P.57

1단계
1. 빈도부사
2. sometimes, usually
3. be 동사, 조동사, 일반동사
4. often, sometimes

2단계
5. I always eat breakfast.
6. Tom never eats spaghetti.

EXERCISE ⑳ P.61

1단계
1. 부사
2. 숫자, 특정 사건

3. in, on, at
4. in

2단계
5. in, 2013년에
6. at, 7시에
7. in, 아침에
8. on, 일요일마다
9. in, 여름에
10. on, 1월 28일에

3단계
11. I worked at the store during vacation.
12. I worked at the store for five days.

1 동사 만들기

1. 일반동사, be 동사
2. 타동사, 자동사
3. 현재동사, 과거동사
4. 앞으로, 뒤에
5. do, do not

부사 만들기

1. 명사
2. 유도부사, 동사
3. 뒤, 앞
4. 부사
5. 부사

2 1. 장소 전치사, 그 남자는 여관에 머물렀다.
   2. 유도부사, 버스에는 많은 사람이 있었다.
   3. 시간 전치사, 그는 정오에 도착했다.
   4. 빈도부사, 그는 항상 학교에 늦는다.
   5. 자동사, 그녀는 아름다워 보인다.
   6. 장소 전치사, 나는 그 도시에 아파트가 한 채 있다.

7. 빈도부사, 제임스는 때때로 그 식당에 간다.
8. 타동사, 그 선생님은 모든 학생들을 사랑했다.

1 1. The people / are not / kind.
   2. There / are / many books in the library.
   3. Did you / do / your homework?
   4. There / were / big problems.

2 1. There are many books.
   2. Were you late for school in the morning?
   3. Does he play soccer on Sundays?
   4. The children always like pizza.
   5. The teacher does not like the food.
   6. Is he sick now?
   7. Do they go to the mountain every day?
   8. He went to America yesterday.

3 1. He always gets up late in the morning.
   2. Many people left here during the war.

1단계
1. ing, 명사
2. 주어, 목적어, 보어
3. e
4. ~(하는) 것

2단계
5. going, 보어
6. Living, 주어
7. learning, 목적어
8. playing, 보어

9. Telling, 주어
10. playing, 목적어

3단계
11. I finished doing my homework.
12. Smoking is bad for you.

5. painting, 벽을 칠하는 것
6. skating, 스케이트 타는 것
7. becoming, 정치가가 되는 것
8. making, 모형 비행기를 만드는 것
9. drawing, 그림을 그리는 것
10. studying, 영어를 공부하는 것

3단계
11. My hobby is reading books.
12. I like writing letters.

1단계
1. 명사
2. 동사, 명사
3. 목적어, 보어
4. 단수

2단계
5. Solving, 문제를 푸는 것
6. Being, 과체중인 것
7. Drinking, 깨끗한 물을 마시는 것
8. Becoming, 가수가 되는 것
9. Studying, 스페인어를 공부하는 것
10. Being, 학급 회장이 되는 것

3단계
11. Believing the rumor is not good.
12. Being late for school is a bad habit.

1단계
1. to 부정사
2. 명사, 2
3. 명사적 용법
4. 원형

2단계
5. to drink, 목적어
6. To see, 주어 / to believe, 보어
7. to go, 보어
8. to become, 보어
9. to do, 목적어
10. to help, 목적어

3단계
11. My friend wanted to oversleep.
12. Her hope is to become a famous chef.

1단계
1. 명사
2. 목적어, 보어
3. 목적어, 보어
4. 명사

2단계

1단계
1. 동사, 목적어
2. 동명사

179

3. to 부정사, 미래
4. 둘 다

2단계

5. going, 그녀는 해외가는 것을 즐겼다.
6. joking, to joke, 우리 아빠는 농담하기를 좋아하신다.
7. to visit, 그 남자는 그의 삼촌댁을 방문하기를 계획했다.
8. doing, 나는 나의 영어숙제를 끝마쳤다.
9. to have, 나는 그것을 갖기를 기대하지 않는다.
10. exercising, to exercise, 너는 너의 건강을 위해 운동하기를 시작해야 한다.

3단계

11. I don't want to leave early.
12. You can't avoid meeting her.

1단계

1. 형용사, 분사
2. 능동, 진행, 현재분사
3. 수동, 완료, 과거분사
4. 불규칙

2단계

5. sleeping, 현재분사
6. written, 과거분사
7. talking, 현재분사
8. boring, 현재분사
9. bored, 과거분사
10. living, 현재분사

3단계

11. The girl called Mary is very kind.
12. The burning house was very dangerous.

1단계

1. 동명사, 현재분사
2. 동명사, 현재분사
3. 주어, 목적어, 보어
4. 명사

2단계

5. 동명사, 내 취미는 기타를 배우는 것이다.
6. 동명사, 나는 수영하는 것을 좋아한다.
7. 현재분사, 저 노래하는 새를 보아라.
8. 동명사, 그림 그리는 것은 내 취미다.
9. 현재분사, 엄마는 그녀의 잠자고 있는 아기를 사랑한다.
10. 동명사, 나는 음식 만드는 것을 좋아한다.

3단계

11. He likes singing and dancing.
12. The sleeping baby is very cute.

1단계

1. 명사 앞, 명사 뒤
2. 전치사, 명사
3. 과거분사
4. 현재분사

2단계

5. 과거분사: surprised, 명사: man
6. 과거분사: baked, 명사: bread
7. 과거분사: surrounded, 명사: teacher
8. 현재분사: shocking, 명사: news
9. 과거분사: made, 명사: pen
10. 현재분사: sleeping, 명사: baby

3단계

11. I know the boy studying in my room.
12. The surprised man closed his eyes.

 **EXERCISE 29**　P.85

1단계
1. 형용사
2. 명사
3. 형용사적 용법
4. 전치사

2단계
5. to watch, 볼 프로그램
6. to eat, 먹을 것
7. to do, 할 숙제
8. to write with, 쓸 펜
9. to help, 도와줄 친구들
10. to look after, 돌봐줄 가족

3단계
11. I need a teacher to help me.
12. I have many friends to play with.

 **EXERCISE 30**　P.87

1단계
1. 5
2. 할거야, 해야 돼, 하려면, 할 수 있어, 운명이야
3. ≠
4. =

2단계
5. am to meet, 나는 2시에 내 친구를 만날거야.
6. are to stand, 너는 줄을 서야 돼.
7. is to succeed, 만약 그녀가 성공하려면, 그녀는 열심히 일해야 한다.
8. is to die, 그 환자는 죽을 운명이다.
9. is to start, 그 게임은 다음 주에 시작할거야.
10. was to be seen, 공원에서는 아무도 보여질 수 없었다(볼 수 없었다).

3단계
11. He is to leave here at 3.
12. You are to wait for me until 3.

REVIEW 5　P.88

1 동사가 명사로 변신하기

1. 명사, ing
2. 명사
3. 명사
4. 명사
5. 동사, 목적어

동사가 형용사로 변신하기

1. 형용사, 분사
2. 동명사, 현재분사
3. 앞, 뒤
4. 형용사적 용법
5. 5

2
1. to 부정사 형용사적 용법, 앉을 의자가 없다.
2. 동명사, 나는 수영장에서 수영하는 것을 즐긴다.
3. 동명사, 영어를 공부하는 것은 항상 재미있다.
4. to 부정사 명사적 용법, 나는 학교에 가기를 원한다.
5. 현재분사, 잠자는 아기를 봐라.
6. be to 용법, 그녀는 곧 여기에 도착할거야.
7. 과거분사, 깨진 유리창이 있다.
8. be to 용법, 그는 그 사고로 죽을 운명이었다.

 **REVIEW 6**　P.90

1
1. She / has / homework to do.
2. He / loves / his sleeping baby.
3. The book written by him / is / good.

4. My dream / is / becoming an actor.

2 1. She is to follow the rules.
  2. I have no house to live in.
  3. The bread baked in the oven is good.
  4. This is a boring book.
  5. I planned to be a scientist.
  6. I need a chair to sit on.
  7. She enjoyed climbing the mountain.
  8. He promised to go back early.

3 1. There is no water to drink.
  2. I want to buy the watch now.

1단계
1. 앞, 새로운 뜻
2. 동사원형
3. 주어 앞
4. 뒤에 not

2단계
5. 조동사 can / She can finish the work.
6. 조동사 should / We should change our plan.
7. 조동사 will / Tom will go to school.
8. 조동사 Can / Can he play the piano?
9. 조동사 must / She must not go.
10. 조동사 Can / Can I use this pen now?

3단계
11. I can speak English.
12. Will you go there?

1단계
1. 할 수 있다, be able to
2. 할 수 없다, be unable to
3. ~해도 좋다
4. ~일리가 없다

2단계
5. can, 그는 그 일을 끝낼 수 있다.
6. cannot, 그녀는 중국어를 말할 수 없다.
7. cannot, 그것은 사실일리가 없다.
8. could, 그 남자는 그 답을 찾을 수 있었다.
9. can, 너는 밖에 나가도 좋다.
10. Can, 너는 그 차를 고칠 수 있니?

3단계
11. He cannot be rich.
12. He is able to speak English.

1단계
1. ~할지도 모른다
2. ~하지 않을지도 모른다
3. ~해도 좋다
4. ~하면 안된다

2단계
5. may, 그 남자가 우리의 선생님일지도 모른다.
6. may, 숙제를 끝내면 게임을 해도 좋다.
7. may, 너는 내 지우개를 써서는 안된다.
8. may, 그녀는 요리를 잘하지 않을지도 모른다.
9. May, 내가 너의 전화를 사용해도 될까?
10. may, 그는 밝은 남자일지 모르지만, 매우 이기적이다.

3단계
11. He may not come back.
12. You may sleep here.

EXERCISE 34 P.101

1단계
1. ~해야 한다
2. must not
3. have to, should, ought to
4. ~임에 틀림없다

2단계
5. must, 너는 5시까지 그 보고서를 끝쳐야 한다.
6. must, 너는 여기에 머물러서는 안 된다.
7. must, 그는 정직함에 틀림없다.
8. must, 우리는 조심해야만 한다.
9. have to, 너는 그 문제에 대항해서 싸워야 한다.
10. should, 우리는 영어를 배워야 한다.

3단계
11. I had to finish my homework yesterday.
12. You do not have to meet him.

EXERCISE 36 P.105

1단계
1. 부사
2. 부사적 용법
3. 동사, 형용사, 다른 부사
4. ~하기 위해서

2단계
5. to meet / came 수식
6. to use / easy 수식
7. to see / laughed 수식
8. to follow / hard 수식
9. to have / came 수식
10. to say / honest 수식

3단계
11. I study hard to become a doctor.
12. The rule is not easy to follow.

EXERCISE 35 P.103

1단계
1. ~할 것이다
2. 미래, 의지
3. be going to
4. 'll, won't

2단계
5. will, 많은 사람들이 그 집을 방문할 것이다.
6. won't, 그는 그것을 하지 않을 것이다.
7. will, 내년 여름에는 매우 더울 것이다.
8. will, 나는 일본으로 여행을 할 것이다.
9. will, 그는 내일 회의에 참가하지 않을 것이다.
10. will, 물이 우리의 심각한 문제가 될 것이다.

3단계
11. I will not go to Japan again.
12. I am going to visit America.

EXERCISE 37 P.107

1단계
1. ~하기 위해서
2. 콤마
3. in order to, so as to
4. ~해서

2단계
5. to buy, 나는 그 시계를 사기 위해서 그 상점에 갔다.
6. to finish, 우리팀은 기말고사를 끝마치기 위해 열심히 공부했다.
7. to find, 그녀는 잃어버렸던 아이를 찾고서 엉엉 울었다.
8. To save, 돈을 모으기 위해서, 나는 시간제 일을 하였다.
9. to see, 나는 그 광경을 보고서 울었다.
10. to catch, 감기에 걸리지 않도록 조심해라.

3단계
11. I went to the park to meet my friend.

183

12. She went to the shop in order to buy a bag.

EXERCISE 38   P.109

1단계
1. ~하기에
2. ~해서
3. ~해서
4. ~하는 것을 보니

2단계
5. to see, 나는 너를 보게 되어서 기쁘다.
6. to use, 그 전화기는 사용하기에 쉽다.
7. to follow, 이 정책은 따르기에 어렵다.
8. to trust, 그를 믿는 것을 보니 그녀는 어리석다.
9. to do, 나는 그 일을 하기에 피곤하다.
10. to understand, 그의 말은 이해하기에 어렵다.

3단계
11. Your story is easy to understand.
12. I am happy to meet you again.

EXERCISE 39   P.111

1단계
1. ~해서(했지만) ~하다
2. 원인, 결과
3. so ~ that ~ can
4. 원인, 결과

2단계
5. to go, 그는 충분히 부자여서 해외에 갈 수 있다.
6. to be, 그녀는 자라서 간호사가 되었다.
7. to fail, 그는 다시 시도했지만, 결국 실패했다.
8. to find, 그녀는 잠에서 일어나보니 집이 불타고 있음을 알았다.
9. to be, 그는 충분히 나이가 들어서 홀로 거기에 갈 수 있었다.
10. to meet, 우리는 헤어져서, 결코 다시 만나지 못했다.

3단계
11. He studied hard, only to fail in the exam.
12. I am old enough to drive a car.

EXERCISE 40   P.113

1단계
1. 독립부정사
2. 문장
3. 콤마
4. 중간, 맨 뒤

2단계
5. To begin with 우선
6. To make matters worse 설상가상으로
7. To be honest 솔직히
8. Strange to say 이상한 말이지만
9. not to mention ~은 말할 것도 없이
10. To tell the truth 진실을 말하면

3단계
11. To be sure, I met her yesterday.
12. The dog is, so to speak, my best friend.

REVIEW 7   P.114

1 동사가 새로운 동사로 변신하기

1. 도와주는, 동사의 원형

2. 할 수 있다, be able to
3. ~할지도 모른다, ~해도 좋다
4. ~해야 한다, ~임에 틀림없다
5. ~할 것이다, be going to

동사가 부사로 변신하기

1. 부사
2. ~하기 위해서
3. ~하기에
4. 원인, 결과
5. 독립부정사

2
1. must ~임에 틀림없다. 너는 배고픔에 틀림없다.
2. can 할 수 있다. 나는 나의 숙제를 6시까지 끝마칠 수 있다.
3. may ~해도 좋다. 네가 원한다면 집에 가도 좋다.
4. to 부정사 부사적 용법. 나는 성공하기 위해서 영어를 공부한다.
5. must ~해야 한다. 그녀는 그 의사를 만나야 한다.
6. will ~할 것이다. 나는 그 산을 오를 것이다.
7. may ~할지도 모른다. 그 남자가 나의 담임 선생님일지도 모른다.
8. to 부정사 부사적 용법. 이 펜은 사용하기에 좋다.

REVIEW 8 P.116

1
1. He / must be / honest.
2. I / could not sleep / last night.
3. I / am able to speak / English.
4. The water / is / good to drink.

2
1. I will be able to speak Spanish.
2. He must be a liar.
3. She went to the mall to buy her shoes.
4. The woman must visit her parents today.
5. He is going to meet his mother.
6. My uncle will come back to his hometown.
7. She may watch TV in her room.

8. He came to my room to say something.

3
1. He may be tired now.
2. I went to Canada to study English.

EXERCISE 41 P.121

1단계
1. 절
2. 명사절
3. 접속사
4. 명사절

2단계
5. that he is coming, 목적어
6. that I don't know the fact, 보어
7. that he is rich, 목적어
8. that she is honest, 목적어
9. That he came back, 주어
10. that he can do it, 목적어

3단계
11. I know that he is my teacher.
12. I think that he is handsome.

EXERCISE 42 P.123

1단계
1. ~한 것
2. ~하는 방법
3. wh
4. 명사절

2단계
5. where she is from, 목적어

6. what I want, 보어
7. Why he comes here, 주어
8. Who did it, 주어
9. when he will come back, 목적어
10. how I win the game, 보어

3단계
11. I know where he is.
12. The book is what she likes.

1단계
1. whether
2. 명사절
3. 주어
4. 만약 ~라면

2단계
5. whether he will pass the exam, 시험에 통과할 지 아닐지
6. if he will go with me, 그가 나와 갈 것인지 아닌지
7. if I can swim in the sea, 내가 바다에서 수영을 할 수 있을지 아닐지
8. Whether it is a good plan or not, 그것이 좋은 계획인지 아닌지
9. if a bird can hear, 새가 들을 수 있는지 아닌지
10. whether he needs help, 그가 도움이 필요한지 아닌지

3단계
11. I don't know if(whether) she loves me.
12. He asked me if(whether) I like Chinese food.

1단계
1. 오른쪽, It
2. 가주어
3. 진주어
4. 해석

2단계
5. 명사절: That he left here / It is strange that he left here.
6. 명사절: That students read many books / It is good that students read many books.
7. 명사절: That I like the movie / It is true that I like the movie.
8. 명사절: That she is smart / It is clear that she is smart.
9. 명사절: That you should do homework first / It is important that you should do homework first.
10. 명사절: That you break the window / It is wrong that you break the window.

3단계
11. It is true that he can understand the book.
12. It is important that you go to school early.

1단계
1. 목적어
2. 주어, 보어
3. 의문사
4. if, whether

2단계
5. I think that most people are kind.
6. I hope that you will have a good time.
7. Don't imagine that it is hard.
8. The man knew that he made a mistake.
9. We've found that you are a liar.

10. James said that his students are coming.

3단계
11. I believe he is right.
12. He thinks he will pass the exam.

6. who, 나는 그 하얀 집에 사는 그 숙녀를 좋아한다.
7. which, 그녀는 테이블 위에 있는 그 책을 읽지 않았다.
8. who, 톰은 창문을 깬 그 소년을 안다.
9. which, 나는 아주 재미있는 책을 가지고 있다.
10. who, 그 아파트에 사는 사람들은 매우 부자다.

3단계
11. I know the woman who came from China.
12. I lost the pen which was made in Japan.

 EXERCISE 46 P.131

1단계
1. that, who, which
2. 관계대명사
3. 접속, 주어, 목적어
4. 선행사

2단계
5. who, 목적어
6. who, 주어
7. that, 목적어
8. who, 주어
9. which, 주어
10. that, 목적어

3단계
11. I like the book that I bought yesterday.
12. I know the man that I saw in the park.

 EXERCISE 48 P.135

1단계
1. 목적격 관계대명사
2. 소유격 관계대명사
3. who(m), which, that
4. whose, of which

2단계
5. whose, 나는 색깔이 빨간 차를 가지고 있다.
6. whom, 이 아이는 내가 어제 만났던 소년이다.
7. whose, 과부는 남편이 죽은 여자이다.
8. which, 내가 먹은 사탕은 아주 단 맛이 났다.
9. which, 우리가 산 그 차는 신모델이다.
10. which, 나는 네가 준 전화번호를 잃어버렸다.

3단계
11. I like the food which you made.
12. I have a friend whose father is a doctor.

 EXERCISE 47 P.133

1단계
1. 주격 관계대명사
2. who
3. which
4. that

2단계
5. who, 나는 영어를 잘 하는 그 학생을 안다.

 EXERCISE 49 P.137

1단계
1. 장소 부사
2. 전치사
3. where

4. 접속사, 전치사 + 장소

2단계
5. where, 이것은 내가 사는 집이다.
6. where, 나는 메리가 살았던 장소에 도착했다.
7. where, 나는 그가 태어난 곳을 안다.
8. where, 우리가 머물렀던 호텔은 깨끗했다.
9. where, 나는 3년 동안 머물렀던 런던에 갔다.
10. where, 영국은 2012년 올림픽이 개최된 나라이다.

3단계
11. This is the place where I was born.
12. This is the house where I stayed for two years.

1단계
1. when
2. why
3. how
4. the way

2단계
5. when, 나는 그가 내게 온 날을 기억한다.
6. why, 그가 영어를 공부하는 데는 많은 이유들이 있다.
7. when, 월요일은 그가 바쁜 날이다.
8. how, 나는 그 문제를 해결하는 방법을 모른다.
9. why, 그것이 내가 그녀를 싫어하는 이유이다.
10. when, 나는 그녀가 나를 방문할 시간을 안다.

3단계
11. I don't know the day when he will come.
12. That is the reason why she comes here.

1 도형들이 합쳐져서 만들어진 커다란 명사

1. 명사절
2. 명사절
3. ~인지 아닌지
4. It
5. 목적어

도형들이 합쳐져서 만들어진 커다란 형용사

1. 명사
2. who, which, that
3. who(m), which, that, whose, of which
4. 장소 부사
5. where, when, why, how

2
1. where, 이 곳은 우리가 영어를 공부하는 건물이다.
2. whose, 나는 매우 비싼 차를 가진 그 남자를 안다.
3. why, 그것이 내가 영어를 말하는 것을 좋아하는 이유이다.
4. if, 나는 그것이 사실인지 아닌지 확실하지 않다.
5. where, 나는 그 남자가 어디서 왔는지 모른다.
6. when, 나는 그녀가 여기에 도착할 시간을 알고 싶다.
7. who, 제인은 영어를 잘 가르치시는 그 선생님을 찾기를 원한다.
8. which, 이것이 나의 아버지가 2년 전에 사주신 그 인형이다.

1
1. I / saw / that he smiled.
2. What she saw / surprised / her.
3. I / like / the man who lives here.
4. I / know / the reason why she likes him.

2
1. This is the house where I live.
2. I like the watch which my mom bought for me.
3. I have a friend whose mother is a teacher.
4. There is no reason why we should not buy the car.
5. This is how he succeeded. / This is the way he succeeded.
6. That is the hotel where I stayed for several days.
7. I know the place where she was born.
8. I do not know where the pen is.

3
1. Did you see the book which I bought yesterday?
2. I remember the house where I was born.

1단계
1. 진행형
2. 오래 지속된
3. 순간적인
4. 미래

2단계
5. was playing, 그는 운동장에서 축구를 하고 있었다.
6. Is ~ studying, 그는 지금 영어 공부하고 있니?
7. was reading, was sleeping, 메리가 잠자는 동안 제임스는 아이들에게 책을 읽어주고 있었다.
8. was singing, 내가 그녀를 방문했을 때 메리가 노래를 하고 있었다.
9. is sleeping, 그 아기는 바로 지금 자고 있다.
10. was working, 가게에서 일하는 동안 나는 등을 다쳤다.

3단계
11. She was reading a book when I visited her.
12. He is playing baseball at the moment.

EXERCISE 52 P.149

1단계
1. 수동태
2. 주는, 하는 것
3. 받는, 당하는 것
4. 목적어

2단계
5. The new car was bought by me.
6. The car is produced by the company.
7. We are helped by computers.
8. The telephone was invented by Bell.
9. The box could be made by my friend.
10. The reason can be explained by Tom.

3단계
11. The pen was made by the company.
12. The question was explained by my teacher.

1단계
1. 현재완료
2. 덩어리
3. 과거
4. 계속, 완료

2단계
5. have lived, 그들은 2010년 이후로 밴쿠버에서 계속 살아왔다.
6. has learned, 그녀는 7년 동안 영어를 배워왔다.
7. have known, 나는 2000년 이후로 그 선생님을 계속 알아왔다.
8. has finished, 그 남자는 그의 리포트를 막 끝냈다.
9. have read, 나는 막 햄릿을 다 읽었다.
10. have called, 나는 내 친구들에게 막 전화를 했다.

3단계
11. He has lived in the apartment for 5 years.
12. She has just finished her work.

EXERCISE 54 P.153

1단계
1. 경험, 결과
2. 과거
3. 경험
4. 결과

2단계
5. have lost, 나는 나의 지갑을 잃어버렸다. (지금도 없다.)
6. have met, 나는 그녀를 세 번 만난 적이 있다.
7. has lost, 그는 그의 신용카드를 잃어버렸다. (지금도 없다.)
8. Have ~ seen, 전에 호랑이 본 적 있니?
9. has gone, 그 남자는 캐나다로 가버렸다.
10. has been, 그 남자는 미국에 다녀온 적이 있다.

3단계
11. I have seen the man once.
12. The woman has lost her bag.

EXERCISE 55 P.155

1단계
1. 과거완료
2. 대과거, 과거
3. 다섯
4. 대과거

2단계
5. had played, 나는 두 시간 동안 농구를 하였었다.
6. had met, 나는 전에 그 숙녀를 만난 적이 없었다.
7. had lived, 그는 그의 어머니가 돌아가셨을 때 2년 동안 거기에 살아왔었다.
8. had gone, 그 선생님은 프랑스로 가셨었다.
9. had started, 내가 역에 도착했을 때, 기차는 이미 출발했었다.
10. had lived, 사라는 한국으로 이사오기 전에 시카고에서 20년 동안 살았었다.

3단계
11. He had not seen his mother.
12. When I arrived at the park, they had already left.

EXERCISE 56 P.157

1단계
1. 시간, 이유
2. 동사
3. 콤마
4. 형용사절, 명사절

2단계
5. when she came, 그녀가 왔을 때 그는 바빴다.
6. When we first met last year, 우리가 작년에 처음 만났을 때, 나는 13살이었다.
7. As she is blind, 그녀는 눈이 멀었기 때문에, 어떤 것도 볼 수 없다.
8. When I finished my homework, 내가 나의 숙제를 끝마쳤을 때, 우리 엄마께서 나를 부르셨다.
9. As you were out, 네가 외출했기 때문에 나는 메시지를 남겨 놓았다.
10. As he was absent, 그가 결석했기 때문에 나는 그에 대해 걱정했다.

3단계
11. When he came back, I was happy.
12. As she didn't come, I was sad.

1단계
1. 양보, 조건
2. ~지만
3. 만약 ~라면
4. although

2단계
5. Though she looks happy, 그녀는 행복해 보이지만, 여전히 걱정을 하고 있다.
6. although he has many faults, 틈이 많은 결점을 가지고 있지만, 나는 그를 좋아한다.
7. If she finishes it early, 만약 그녀가 그것을 빨리 끝낸다면, 우리는 함께 저녁을 먹으러 갈 것이다.
8. If I get a better job, 내가 만약 더 좋은 직업을 얻게 되면, 새 차를 살 수 있을 것이다.
9. Although we are rivals, 우리가 경쟁자이지만, 나는 여전히 그를 존경한다.
10. if he comes tomorrow, 만약 그가 내일 온다면, 나는 그를 볼 수 있을 것이다.

3단계
11. Though he is old, he is still healthy.
12. If it rains tomorrow, the picnic will be cancelled.

1단계
1. 만약
2. 만약, 반대
3. 동사, 과거
4. 현재나 미래 사실의 반대, 과거 동사, 과거 조동사

2단계
5. were, 만약 내가 새라면, 너에게 날아갈 수 있을 텐데.
6. had, 만약 그가 좀 더 시간이 있다면, 그 일을 끝마칠 수 있을 텐데.
7. were, 만약 그가 여기에 있다면, 그는 우리를 칭찬해줄 텐데.
8. saw, 만약 내가 다시 그녀를 본다면, 나는 행복할 텐데.
9. rained, 만약 내일 비가 온다면, 나는 집에 머물 것이다.
10. had, 만약 내가 돈이 많다면, 나는 엄마를 위해 그것을 살 수 있을 텐데.

3단계
11. If I were you, I would be happy.
12. If it snowed tomorrow, I could ski.

1단계
1. 두 가지
2. had not p.p.
3. 동사, 과거완료
4. 과거 사실의 반대, had p.p., 과거 조동사 have p.p.

2단계
5. had entered, 만약 내가 그 대학에 들어갔었다면, 그 대학 클럽에 가입할 수 있었을 텐데.
6. had studied, 만약 그가 열심히 공부했었더라면, 그는 좋은 점수를 받았을 텐데.
7. had started, 만약 내가 좀 더 일찍 출발했더라면, 기차를 탈 수 있었을 텐데.
8. had not helped, 만약 네가 나를 도와주지 않았다면, 나는 그것을 끝마치지 못했을 거야.
9. had not been, 만약 내가 거기에 없었더라면, 너는 익사했을지도 모른다.
10. had had, 만약 내가 충분한 돈이 있었더라면, 나는 새로운 컴퓨터를 살 수 있었을 텐데.

3단계
11. If I had been rich, I could have helped him.
12. If I had gotten up early, I would not have missed the train.

1단계
1. 접속사, 주어, ing
2. 생략
3. 짐작
4. 분사구문

2단계
5. (Being) sick, 아프기 때문에
6. Coming to me, 나에게 왔을 때
7. Working hard, 열심히 일했지만
8. Getting up late, 늦게 일어나면,
9. (Being) busy, 바빴기 때문에
10. (Being) young, 그는 어렸지만

3단계
11. Tired, I studied hard.
12. Having much money, he could buy the car.

5. 접속사, 주어, ing

2
1. 수동태. 그 비싼 차는 독일에 의해 만들어졌다.
2. 가정법 과거완료, 만약 내가 더 열심히 일했었더라면, 나는 성공할 수 있었을 것이다.
3. 분사구문. 나는 TV를 볼 때 종종게임을 한다.
4. 현재완료. 나는 호주에서 진짜 코알라를 본 적이 있다.
5. 분사구문. 나는 미국에서 태어났기 때문에, 자연스럽게 영어를 말할 수 있었다.
6. 과거완료. 내가 역에 도착했을 때 그 기차는 가버렸었다.
7. 진행형. 메리는 그녀의 방에서 춤을 추고 있었다.
8. 가정법 과거, 만약 그가 강하다면, 그는 그 상자를 들 수 있을 텐데.

1 도형들이 합쳐져서 만들어진 커다란 동사

1. 진행형
2. 수동태
3. 현재완료
4. 계속, 완료, 경험, 결과
5. 과거완료

도형들이 합쳐져서 만들어진 커다란 부사

1. 시간, 이유, 부사절
2. 양보, 조건, 부사절
3. 현재, 미래, 과거 동사, 과거 조동사
4. 과거, had p.p., 과거 조동사 have p.p.

1
1. Living in the country I / am / healthy.
2. I / have met / her twice.
3. If you are tired, you / may go.
4. Though I am not rich, I / am / happy.

2
1. Working hard, she can succeed.
2. If you had not been married, I would have introduced a nice guy to you.
3. The special pen was produced by the company.
4. Though she was weak, she has a strong will.
5. While she was going to uncle's, she felt tired.
6. If he had more time, he could finish it.
7. Having no time, I had to run.
8. When I arrived at the station, the train had already started.

3
1. I have lived in America for five years.
2. If I were rich, I could buy the doll for you.

부록 | 문법 용어 간단 정리

■ ㄱ

가정법 과거 – 현재 사실을 반대하는 말이에요. if 절 안의 동사를 과거형으로 쓰죠.

가정법 과거완료 – 과거 사실을 반대하는 말이에요. if 절 안의 동사를 과거완료로 쓰죠.

가주어 – 가짜 주어의 줄임말이에요. 주로 주어가 너무 길 때 주어를 뒤로 보내고 it이라는 가주어를 써주죠.

과거완료 – had p.p. 형태로 되어 있어요. 대과거에서 과거까지 영향을 미치는 경우에요.

관계대명사 – 접속사와 대명사를 합쳐놓은 말이에요. 주로 관계대명사부터 나오는 말은 앞에 있는 명사 (선행사)를 자세하게 설명하게 돼죠

관계부사 – 접속사와 부사를 합쳐놓은 말이에요. 주로 관계부사부터 나오는 말은 앞에 있는 명사 (선행사)를 자세하게 설명하게 돼죠.

관사 – 명사를 앞에서 꾸며주는 역할을 해요. 명사 앞에는 a/an나 the 혹은 무관사가 될 수 있어요.

■ ㄴ

능동태 – be동사 + p.p.를 제외한 모든 동사로 되어 있어요. 주어가 동작을 주거나 혹은 하는 경우에요.

■ ㄷ

대명사 – 명사를 대신해서 쓰는 말이에요. 남자(man)라는 명사 대신에 그(he)라고 하는 형태죠.

동명사 – 동사 뒤에 ing를 붙여서 명사의 역할을 해요.

동사 – 움직임을 나타내는 말이에요. 움직이는 것에는 눈에 안 보이는 움직임도 포함돼요(머릿속에서의 움직임 think, know 등). 동사(Verb)의 앞 자를 따서 V라고 표기해요.

be 동사 – 주로 '~이다'나 '있다'로 해석이 되지요. 현재형은 am, is, are가 있고, 과거형은 was, were가 있어요.

■ ㅁ

명사 – 사람이나 사물을 부르는 모든 이름을 말해요. 보이지 않는 사랑(love)이나 정직(honesty)도 명사에 속해요. 명사(Noun)의 앞 자를 따서 N이라고 표기해요.

목적어 – 동사 다음에 나와서 우리말로 '을, 를'로 주로 해석돼요. '~에게'로 해석되는 경우도 있어요. 목적어(Objective)의 앞 자를 따서 O라고 표기해요.

■ ㅂ

보어 – 명사를 보충 설명해 주는 말이에요. 명사와 형용사가 보어가 될 수 있어요. 흔히 보어 (Complement)의 앞 자를 따서 C라고 표기해요.

to 부정사 – 동사 앞에 to를 붙여서 명사, 형용사, 부사 중 하나로 변신하는 말이에요.

분사 – 동사에 ing(현재 분사)나 ed를 붙여서(과거분사: p.p.) 형용사 역할을 해요. 과거분사의 경우 ed가 안 붙고 다르게 변하는 경우도 있어요.

분사구문 – 부사절과 똑같은데 형태만 줄인 거예요. 접속사와 주어를 지우고 동사에 ing를 붙이죠.

비교급 – 두 가지를 서로 비교할 때 주로 형용사나 부사에 er이나 more을 붙여줘요.

빈도부사 – 횟수를 나타내는 부사예요.

■ ㅅ

수동태 – be 동사 p.p. 형태로 되어 있어요. 주어가 동작을 받는 혹은 당하는 경우지요.

■ ㅇ

유도부사 – 맨 앞에 쓰여 주어인양 문장을 이끌어가는 부사예요. 대표적으로 there이 있어요. 이 경우에 there는 해석하지 않아요.

일반동사 – be 동사나 조동사를 제외한 나머지 모든 동사를 가리켜요.

■ ㅈ

자동사 – 목적어가 뒤에 오지 않는 동사예요.

전치사 – 명사 앞에 써서 장소나 시간 등을 나타내주는 말이에요.

절 – 주어 동사가 들어가서 명사, 형용사, 부사의 역할을 하는 말이지요.

접속사 – 단어와 단어 혹은 문장과 문장을 연결시켜주는 말이에요.

조동사 – 동사의 도우미로 동사의 의미를 더해주지요. 항상 동사 앞에 오고요. 조동사 다음에는 동사의 원형이 와요.

주어 – 문장의 주인공이죠. 주로 맨 앞에 와요. 우리말로는 '~은, 는, 이, 가'가 들어가요. 주어가 되려면 명사라는 말이 붙어야 되지요(이 책에서 빨간 동그라미 영역). 주어(Subject)의 앞 자를 따서 S라고 표기해요.

진주어 – 진짜 주어의 줄임말이에요. 주로 주어가 너무 길어서 원래 주어 자리에 못 있고 뒤로 간 주어를 말해요.

진행형 – be 동사 + ing 형태로 되어 있어요. 진행중인 내용을 말하거나 순간에 일어나는 일을 표현해요.

■ ㅊ

최상급 – 세 가지 이상을 서로 비교할 때 최고의 정도를 표현하는 말로 주로 est나 most를 붙여요.

■ ㅌ

타동사 – 뒤에 목적어가 오는 동사예요.

■ ㅎ

현재완료 – have p.p. 형태로 되어 있어요. 과거에서 현재까지 영향을 미치는 경우에요.

형용사 – 명사를 꾸며주거나 설명해 주는 말이에요. 그래서 명사를 수식하거나 명사를 설명하는 보어가 되지요. (이 책에서는 한정사(determiner)도 넓은 의미에서 형용사 영역으로 소개했어요.)

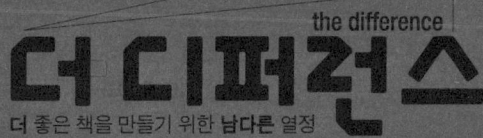